社會衝突論

李英明◎著

序

　　二十一世紀，新的國際經濟社會秩序正在形成，所有的國家都變成了其中的一部分，隨著台灣在年初加入WTO之後，我們更加感受到已經進入了一個「全球化」（globalization）的時代，台灣從七〇年代末開始的「自由化」、「國際化」，逐步走到今天的「全球化」，顯示了無疆界的「資本主義全球化」已然成形，這本書在這樣的時代重新印行，或許格外地更有意義。

　　然而此時此刻，為什麼要退回去思考過去的馬克思主義的爭論？其中一個答案是，透過閱讀「原典」回溯馬克思主義的爭論，更有助於處理當前資本主義社會的僵局。資本主義社會中所存在的階級問題，在「全球化」更加徹底的今天比寫作當時更為重要，因此探討馬克思主義關於階級、階級意識等社會衝突理論，在現在仍具有相當意義。我們知道，對於資本主義社會的觀察與批判，馬克思主義一直是一項有力的工具，本書從馬克思主義的爭論出發，逐步釐清馬克思主義關於階級、階級意識等概念，重新建構馬克思社會衝突理論的現代意涵。

　　而在馬克思主義的學說中，存在著許多見解、路線相差甚多的派別，有時彼此甚至尖銳敵對，本書作為馬克思主義思潮的回應，通過對韋伯（Max Weber）、盧卡奇（Georg Lukács）、阿圖舍（Louis Althusser）、葛蘭西（Antonio Gramsci）、哈伯瑪斯（J. Habermas）、紀登士（Anthony Giddens）、達倫道夫（Ralf Dahrendorf）、米立班（Ralph

Miliband)、波蘭扎斯（Nicos Poulantzas）、尼爾（R. S. Neale）、卡宏（Craig Calhoun）、仙特斯（R. Centers）、卡諾宜（Martin Carnoy）等眾多學者所提出馬克思主義相關議題的研究，對階級、階級意識、意識型態等核心問題進行理論反思。本書將馬克思主義的「原典」當成「文本」，透過「語言」對「原典」的剖解，也就是從文本的閱讀中，讀出作者隱藏在「原典」字裡行間的眞實意涵，或其潛在於內心不輕易爲人察知的隱晦想法。亦即透過對「文本」的分析來和上述研究馬克思主義的眾多學者進行對話。

在探討和反省馬克思社會衝突論時，階級概念可以說是最基本的概念，不過馬克思並沒有透過專門的著作來論述其階級概念和理論，我們必須從馬克思不同的著作中整理出馬克思階級概念的意涵以及階級理論的脈絡。本書即是從這一個核心議題出發，逐層探討馬克思社會衝突理論的相關問題，全書共分爲八章，緒論先就馬克思社會衝突理論的社會學、哲學和政治學意涵進行探討，以釐清馬克思主義的社會衝突理論與上述學門的關係，進而提出馬克思社會衝突理論的「重建」；第二章，有關馬克思階級概念的爭論與批評，則是藉由韋伯的階級觀及其與馬克思階級觀的差別，以及阿圖舍途徑與韋伯途徑的觀點差異，來探究馬克思階級概念中的爭論；第三章，有關馬克思「階級意識」概念的爭論與批評，則是透過尼爾、卡宏及盧卡奇的看法，對馬克思「階級意識」概念的爭論作出回應，並從階級意識的心理學角度，提出一個研究馬克思階級及階級衝突理論的新嘗試；第四章，有關馬克思社會衝突論中階級與黨之間關係的爭論與批評，則更進一步探討馬克思社會衝突論中「黨是階級的先鋒隊還是工具？」的問題，並論述黨與階級

的辯證關係；第五章，有關馬克思社會衝突論中階級與國家之間關係的爭論與批評，則是在前一章節的討論基礎上，進而探討「國家是階級的工具還是具有相對於階級的自主性？」的問題，並就葛蘭西和阿圖舍的觀點，再論階級與國家；第六章，有關馬克思社會衝突論中階級與階級衝突概念之間關係的爭論與批評，則是循著前文的推論，就階級意識、階級衝突和階級衝突的方式，作更深一層的探討；第七章，馬克思社會衝突論與當代西方社會的關係，則是探討馬克思社會衝突論在當代西方社會的現代意涵，同時更藉由當代西方社會工業企業領域和政治領域的發展現實，討論馬克思「階級衝突」的問題；最後則是以對馬克思社會衝突論的定位與評價，作為全書的結論。

任何一個作者在重讀自己十多年前的作品時，無論是主觀的個人心境變化，亦或客觀的時空環境差別，在心理上都會有些許不安。然而對我本身來說，這本書更重要的意義是，完整地呈現了自己在思考歷程中的一段讀書記錄。雖然現今的時空背景已和寫作此書之時有所不同，但這本書的原初意旨在今日的學術風潮中仍具活力，所以決定讓它「原貌重現」，疏漏之處，尚祈各位先進惠予批評、不吝賜教。

最後，在這裡特別要感謝原出版者時報出版公司，感謝揚智文化事業股份有限公司葉總經理和孟樊先生，由於他們的幫助使得這本書可以「重現江湖」再次出版，同時亦要感謝閻主編和晏華璞小姐的細心編輯，以及魏澤民同學和許峻偉同學的整理校正。並向所有協助本書再次印行的朋友表達深摯謝意。

李英明

序於木柵

目　錄

第一章

緒論

在探討和反省馬克思社會衝突論時，階級概念可以說是最基本的概念，不過，馬克思並沒有透過專門的著作來論述其階級概念和理論，我們必須從馬克思不同的著作中整理出馬克思階級概念的意涵以及階級理論的脈絡。我們可以從歷史唯物論為基礎來了解馬克思的階級概念和階級理論，而反過來，如果抽離階級概念和階級理論。那麼馬克思經濟、社會和政治，甚至是歷史哲學理論都會變得很難理解，不過，事實上，馬克思的經濟、社會和政治理論的鋪陳，同時也是在表現其階級理論。因此，階級概念和階級理論在馬克思整體思想之基礎性和涵蓋性是必須被確認的。

因此環繞著馬克思階級理論而來的問題是，馬克思到底是位社會學家、政治學家、經濟學家抑或是位哲學家。而與這個問題相關聯的問題是，我們應該把馬克思的階級理論定位成社會、政治學、經濟學抑或是哲學。面對這些問題，我們必須嚴肅地認清，處理馬克思階級概念和階級理論的複雜性和困難，並不只是由於上述的馬克思並沒有透過專門的著作來論述其階級概念和理論，而更由於我們必須透過對馬克思整體思想的掌握來釐清階級概念和階級理論。事實上，馬克思的階級理論為其哲學思辨和社會、政治和經濟的分析之間提供了連結（儘管，這種連結，引起很多質疑和爭議），研究者往往為了個別的了解馬克思的社會、政治和經濟分析，從而也使馬克思的階級理論被割裂開，無法對其進行全面性的整體掌握。迄今，儘管研究者對於馬克思著作的詮釋有許多激烈的爭論，但幾乎沒有研究者真正懷疑過階級概念和理論對馬克思思想的重要性，而不過事實上，就如達倫道夫（Ralf Dahrendorf）所說：「他（按：馬克思）的著作的卓越和脆弱很明顯的表現在其階級理

論之中。」（Dahrendorf, 1959:8）

就如上述，馬克思並沒有系統化的階級理論的陳述。我們所見到的只是馬克思在對具體問題分析時才應用階級概念，而且偶爾會出現零散的通則化的論述。面對這種情況，首先出現的難題是，如何將不同階段的馬克思有關階級概念的論述連結起來，並且不會抹殺不同階段所可能出現的意涵的差異。

以上我們已經說明討論馬克思階級理論的難題和問題。我們在下一個部分所要討論的是，馬克思階級理論的社會學、政治學甚至是哲學的意涵，以及環繞著這些意涵所引起的爭論，然後再按照馬克思的著作論述其階級理論，並回過頭來再反省上述有關馬克思階級理論各種意涵的討論。

第一節　馬克思社會衝突理論的社會學、哲學和政治學意涵

馬克思的階級理論可以作為連結其歷史唯物論和對資本主義進行社會學分析的中介橋樑。馬克思並不是一位社會學家，但是其階級理論卻彰顯了馬克思著作中的社會學思想。不過，有些研究者在詮釋馬克思和社會學思想時，很容易從孔德（A. Comte）的實證主義來進行，從而使得馬克思思想喪失其社會批判的意涵，只是變成一套發現社會發展規律和法則的概念組合。事實上，我們在論述馬克思階級理論的社會學意涵時，絕對不能忘記馬克思階級理論是從屬於其社會批判的，而且其社會批判是透過其階級理論開展出來的。

我們要論述馬克思階級理論的社會學意涵時，達倫道夫的觀點是值得我們重視的，他特別強調以下幾點馬克思階級理論

的社會學意涵：

第一，馬克思的階級理論主要關注社會結構是如何變遷的問題，因此其階級理論主要是作為解釋社會變遷的工具而存在。馬克思通過階級理論，以社會階級的互動和衝突來呈顯人類社會，尤其是資本主義社會變遷（套句馬克思的話叫「運動」）的規律——亦即社會變遷的規律是內在於社會階級的互動和衝突。社會階級的互動和衝突不只是社會變遷發展的動力，而且可以決定社會變遷發展的方向。

第二，馬克思並非沒有注意到社會階級的多樣性，而他之所以會透過「兩階級模型」（two-class model）來分析社會變遷發展的主要依據，其目的除了說明每一個社會到頭來都會出現完全對立的兩個階級外，還在說明「(1)每一個能夠產生社會結構變遷的衝突都是一種對立的階級衝突；(2)階級衝突的內容通常就是社會衝突的主要問題」（Dahrendorf, 1959:20），馬克思想要通過「兩階級模型」說明作為導致社會變遷的衝突，主要與每個社會兩個具有普遍社會意涵的階級之間的對立有關。

第三，馬克思透過回答「社會階級形成的結構性條件是什麼？」這個問題，將歷史唯物論與對資本主義進行社會學分析結合起來。馬克思認為在生產領域中，環繞著財產（生產手段和產品的擁有）分配所產生的生產關係（或可稱權威關係），構成了階級形成和階級衝突之發展的最後決定因素。「對馬克思而言，階級是與有效的私有財產的存在關聯在一起的。只有在一個社會中，有些人擁有私有權以及對生產手段的控制權，而其他人則無此權利時，階級的形成、存在和鬥爭才有可能發生。」（Dahrendorf, 1959:23）

第四，馬克思雖然強調階級是以生產關係，亦即以在商品

生產領域內的有效的產品分配為基礎，但是他認為，階級只有在政治領域內才具有社會意涵，而且階級衝突基本上都是政治性的階級衝突。亦即，馬克思通過階級的發展運作將經濟基礎與上層建築連結起來。

第五，如前述，對馬克思而言，階級形成過程的第一階段是決定於有效的私有財產的分配，他認為，有效的私有財產的占有與沒占有創造了兩種獨特的階級情況或「生存條件」。而共同的階級情境或社經情境是階級形成的必要但不是充分的條件，因為就算一群人具有共同的社經情境，但是他們之間如果沒有任何接觸和聯繫，也很難成為有效的社會力量。

第六，一群人除了具有共同的社經情境外，還必須作為有組織的集團，參與政治衝突時，才會形成階級。無疑的，「對他（馬克思）而言，階級形成與階級衝突是屬於政治領域的現象」（Dahrendorf, 1959:25），而這也就是說，只有具有共同社經情境的有組織集團間的衝突具有政治性時，這些集團才會使自己變成階級。人群的組合除了具有共同的社會經濟情境外，還必須具有共同的政治組織情境，才會成為階級，而此時，階級的特徵不是由無意識的行為取向，而是由有意識的實現某些目標的行動標誌出來的——換句話說，只有當有組織的集團自覺的通過有組織的行動去實現某些目標，以體現集團的共同利益時，集團才會成為階級。

第七，馬克思階級形成以及衝突的理論，基本上就是一套社會發展和歷史演變的理論。因為，馬克思認為在每一個社會都會存在對私有財產占有和沒占有的現象，這種生產關係決定了不同的階級情境，而階級情境的差別會影響社會的發展方向和型態；「當階級情境之間的差別越來越大，階級形成——亦

即組織成政治組織並且能明確的形成階級利益——的條件就成熟了」（Dahrendorf, 1959:26）。而此時，社會中的壓迫者與被壓迫者的政治性階級鬥爭就開始了；這種衝突達於頂峰時會使社會產生革命性的變遷，導致統治階級失去其權力地位並且被被統治階級取而代之的現象，此時新階級的社會運作又開始了，並且導引出新一輪的階級形成和階級衝突。

第八，馬克思通過階級理論分析人類社會的變遷，雖然許多可能並無法通過經驗研究的檢證，但他畢竟提出了一套有關社會發展的影像，可以作爲我們從事經驗研究的引導。馬克思所提供的既不是靜態的社會觀，也不是將社會看成是秩序井然、而其內部組成因素或次級系統能平穩地發生維繫社會運作功能的有機體或系統組合。對馬克思而言，「社會的主要特徵不只是它的組成因素，而且更是它的結構形式的持續變遷」（Dahrendorf, 1959:27）。而體現在這種動態社會觀中的主要看法，就是將衝突的存在當作是每一個社會的基本特徵，而衝突的存在並不是隨機的，它是社會結構本身系統性運作的產物。此外，順著這種動態社會觀而來的認知是，在社會中除了變遷規律之外，並沒有所謂社會永恆秩序的存在。

的確，馬克思的階級理論，首先是從人在生產關係裡所具有的社經位置去論述人的客觀社會階級角色和歷史命運。而如果從這個角度去理解人，那麼我們將如何面對馬克思在一些著作，如《1844年經濟學哲學手稿》、《關於費爾巴哈提綱》中對人的主體能動性重視，認爲人可以通過實踐（praxis）證成自己的問題。事實上，對於人的主體能動性的論述，馬克思基本上是以對「人的活生生的存在如何可能？」這個問題的反省爲基礎的，而對於這個問題的反省，不只奠立了歷史唯物論的

基礎，而且反過來把人的主體能動性問題納入歷史唯物論的架構之中，通過階級形成、階級衝突、階級鬥爭和革命，賦予人的主體能動性的社會意涵。因此，馬克思的階級理論本身也因爲涉及人的主體能動性如何可能的問題而具有哲學的意涵，如此一來，我們應該進一步意識到馬克思的階級理論包含了哲學和社會學的意涵。

　　馬克思將人的主體能動性如何可能的問題放入社會變遷和歷史發展理論中，以階級形成、衝突、鬥爭以及革命來加以證成，從而認爲無階級的共產主義社會是人類歷史的最終歸趨，是人透過勞動體現自由的社會。事實上，馬克思的階級理論是以證成無階級共產主義社會的到來以及無階級角色的人的自由體現爲主要核心的，而就如達倫道夫所言：「馬克思的共產主義社會概念，尤其是它在歷史中的角色和到來的時間的論述是連結其階級理論的社會學和哲學因素的重要關鍵點。」（Dahrendorf, 1959:28）馬克思相信在人類最後一個有階級的資本主義社會中，其發展趨勢將導致私有財產被消滅，但是，當馬克思在思考假使私有財產被消滅後，將會發生什麼事時，就從社會學跳入哲學之中（Dahrendorf, 1959:29）。而且，馬克思是按照歷史唯物論的架構說明階級的形成，並且通過正反合的格局來說明階級的衝突、鬥爭、革命以至於產生一個無階級的社會，此外，馬克思在說明人類社會變遷和歷史發展時，最主要是按照以歷史唯物論爲主體的歷史哲學來論述，於是人類歷史就成爲一部從原始社會經歷。因爲私有財產導致人的異化的階段，進而進入能夠消滅私有財產、消滅異化的共產社會的過程。這樣一來，以歷史唯物論爲基本架構，通過歷史唯物論來彰顯其理論發展線索的階級理論會包含哲學意涵是相當自然

的。

　　依照達倫道夫的看法，馬克思在論述人類社會變遷和歷史發展的哲學傾向，基本上使他辜負了他的社會學，尤其是使人們對於馬克思階級理論社會學意涵的認知容易出現混淆。而對於社會學家而言，卻必須能夠將階級理論的哲學和社會學意涵區分開來。他認為，這樣做一方面可以避免重蹈前人對於階級理論的社會學和哲學意涵混淆認知的錯誤的覆轍，另一方面則可從馬克思階級理論中釐出與社會學有關的不可忽視的看法和途徑（Dahrendorf, 1959:30-32）。不過，當我們企圖將階級理論的哲學意涵和社會學意涵區分開來時，卻不必要把馬克思當作是位社會學家，因為馬克思通過階級理論解釋在變化發展中社會的「整體性」（totality）的問題，因此，這個理論不單是歷史，不單是哲學，也不單是社會學，它包含了這些途徑。在此，我們可以借用亨利・勒費弗爾（Henri Lefebvre）所言：「馬克思不是一位社會學家，但在馬克思思想中，卻有一種社會學」（Lefebvre, 1982:22）來形容階級理論與馬克思的關係：我們不能說馬克思是位社會學家，但其階級理論卻包含著一種社會學。通過具有社會學意涵的階級理論可以將歷史唯物論和對各個歷史階段的社會學分析連結起來，從而使得歷史唯物論能夠與社會的歷史發展勾連在一起，讓歷史唯物論的詮釋架構體現其現實意涵。不過，值得注意的是，從歷史唯物論的哲學意涵的發展結構來看，階級理論和概念並不是建構歷史唯物論所必要的理論和概念（Dahrendorf, 1959:30）。

　　馬克思的階級理論之所以引人注意，與其具有政治學意涵有密切關係。依照馬克思的看法，人類在原始社會之後和邁向無階級的共產主義社會之前的歷史階段，是人與自己相異化的

階段，在這個漫長的歷史階段中，勞工和私有財產不但創造了宰制和服從的關係，而且促使伴隨著這種關係而來的社會階級的形成，以及階級的衝突。在這個階段中，階級的衝突是具有普遍性的，而馬克思甚至把階級衝突作爲上述階段人類社會的基本特徵，並且著重論述了階級衝突的本質以及必然結果，在這個關鍵點上，馬克思的階級理論就具有政治學的意涵。筆者同意米立班（Ralph Miliband）在《馬克思主義與政治學》（*Marxism and Politics*）一書中所認爲的，衝突概念是馬克思政治學的核心概念，有關衝突的本質以及衝突的必然結局等論述是馬克思政治學的重要內容（Miliband, 1977:17）。

事實上，米立班在上述書中對於馬克思政治學的論述，是可以作爲我們討論馬克思階級理論的政治學意涵的重要參考依據，因爲，米立班在論述馬克思政治學時，就是扣緊階級和階級衝突兩個基本概念來進行的。因此，我們可以透過米立班對馬克思政治學的論述，先整理出馬克思階級理論的政治學意涵：

首先，衝突是階級系統所固有的，而階級之間的衝突是無法在階級系統的體制內加以解決的。因爲由於階級系統中的宰制和服從關係所延伸出來的階級矛盾和衝突只有透過革命改變整個生產關係後才能暫時獲得終止。階級系統中的「互相競爭的階級被鎖定在宰制和服從的情境中，除非透過生產方式的整體改變，否則是無法改變這種既有的階級情境的」（Miliband, 1977:18）。階級宰制包含經濟、政治和文化等不同但卻相關的層面，而相對於階級宰制所產生的階級鬥爭同樣也是變化多端相當複雜。「政治是階級鬥爭的一種特殊表現」（Miliband, 1977:20），其不但能與階級鬥爭所有表現形式關聯起來，並且

可以做為階級鬥爭所有表現形式的最終歸趨，將階級鬥爭所有表現形式加以貫穿（Miliband, 1977:19-20）。筆者認為，依照米立班的詮釋，馬克思的「政治」是一個階級概念，與階級鬥爭和衝突緊密聯繫在一起，儘管階級的根本利益是經濟利益，但是階級必然會將其轉化為政治利益，並且透過政治鬥爭，從鞏固或奪得國家機器，亦即從維繫或奪得政治統治，來實現自己的根本利益。換句話說，階級鬥爭總是會以政治鬥爭的形式表現出來，而政治也就是一定階級為了實現其根本利益，所採取的與鞏固或奪得國家機器，以及維繫或奪得政治統治有關的政策和策略。因此，階級鬥爭一定會通過政治鬥爭表現出來。

其次，當人群的組合，意識到他們組合的共同利益，並且願意透過聯合鬥爭來體現這種共同利益時，這時人群的組合就變成一種「自為階級」（class for itself），而不僅是具有「客觀」共同情境和利益的「群眾」而已。就以資本主義社會為例，馬克思認為，除非勞動者有能力將自己組成政黨，否則就不是真正的階級，而這又牽涉到勞動者必須要有自覺的階級意識（懂得自己階級利益所在），沒有階級意識勞動者永遠只是群眾（Miliband, 1977:22-23）。

階級意識是馬克思政治學的重要語辭，它「指的是階級的成員意識到其所屬階級的真正利益」（Miliband, 1977:31），而在每個歷史階段，社會的宰制統治階級都會把自己的階級利益說成是所有社會成員的共同利益，賦予階級利益理想的形式，使其具有普遍性的特徵，於是統治階級就需要意識型態，來使其階級利益「普遍化」（universalize），並打上理想的形式色彩，這樣一套意識型態是對社會現實一種虛假錯誤的陳述，但卻對維繫統治階級的地位和利益以及既存的社會秩序產生一定

的作用（Miliband, 1977:32）。意識型態讓階級意識具有廣泛的政治意涵，並且進入整個社會的公共溝通系統之中，作為社會上層建築的一部分以及具體的社會實體而存在。

在資本主義社會中的無產階級，其階級意識在於要求推翻資本主義以求得社會和無產階級的解放，因此「無產者的階級意識也就是革命意識」（Miliband, 1977:33）。馬克思認為，過去人類的歷史運動都是少數人為了少數人的利益所進行的運動，但無產者的運動卻是自覺的多數人為多數人的利益而進行的獨立運動，因此，無產階級本身就是一個具有普遍性的階級，它能夠代表整個社會來進行運動，而其階級意識在本身也就具有普遍性，基本上不再需要一套意識型態使其普遍化（Miliband, 1977:33-35）。

第三，馬克思在早期就為無產者形塑了解放者的角色和歷史任務，這雖然帶有相當強烈的黑格爾哲學的痕跡——把賦予理念（idea）的角色給了無產者，但這亦表示，在馬克思早期思想中早就有無產者注定要變成一個革命階級的觀念。在他看來，革命是無產者擺脫資本主義社會所強加給他們的剝削、壓榨和異化的唯一手段。無產者的革命角色不是由外在的歷史動力，而是由資本主義的本質以及因為資本主義運作所形成的整個社會和勞動階級的結構和處境所決定的（Miliband, 1977:39）。無產者在資本主義社會最終總是會想要超越體制內的局部改革，並且形成將資本主義社會徹底革命改造所需要的階級意識（Miliband, 1977:41）。

依照上述米立班的看法，只有當無產者自覺地意識到自己彼此共同的真正利益，並且願意聯合起來組成政黨，採取政治行動與資產階級進行鬥爭時，無產者才真正成為階級。筆者認

為，這種看法與上述達倫道夫的看法是一致的，而這種看法基本上符合馬克思的看法。馬克思在《共產黨宣言》中說：「無產者這樣組織成為階級，因而組織成為政黨。」（中華民國國際關係研究所、政大東亞研究所，1969a:37）在馬克思看來，沒有政治鬥爭，就不算是階級鬥爭，也就不能算是有階級的存在，而只有當無產者以政黨形式組合起來並對資產階級進行鬥爭，甚至進行革命時，無產者才由自在（in itself）階級變成自為（for itself），亦即真正的階級。

第四，就資本主義社會而言，政治事實上就是資產階級對無產階級的宰制，而其表現在無產階級身上就是異化的出現，無產階級在反宰制的過程中，雖然也必要經過革命性的政治鬥爭，奪取資產階級所掌握的政權，讓自己上升為統治階級，但是在無產階級透過政治力量消滅階級存在的社會根源進入無階級的共產主義社會時，人類的解放不只意謂著人的異化的終結，同時更意謂政治的終結（Miliband, 1977:11）。

第五，在資本主義社會中，由於資產階級擁有物質與精神生產的手段，於是成為統治階級，並掌握國家，因此國家在資本主義社會中是階級宰制的一種基本手段，它不是超越階級而是深深地介入階級運作之中，以維護資產階級，這種介入在資本主義社會中的階級鬥爭會產生極重要的作用，因此，國家機器也就成為無產階級在反宰制過程中最想掌握的對象（Miliband, 1977:66-67）；因此，米立班說，就馬克思而言，「國家是階級宰制的一種基本手段。它不是作為競爭性利益之間的中立仲裁者而存在：它不可避免地要介入階級運作中，深深打上階級的色彩。它不是超越階級鬥爭之上，而是捲入階級鬥爭之中。它對於社會事務的介入是極重要，而且是具有持續

性以及滲透力的。」（Miliband, 1977:67）國家對於社會事務的介入，是受到其作為階級宰制的手段這種基本特性所制約的。

就如米立班所言，馬克思基本上「預設階級力量可以自動轉化成國家力量」（Miliband, 1977:67），但是事實上，馬克思並沒有進一步澄清國家如何成為資產階級從事對無產階級以及社會宰制的手段，對於這個問題，在往後的馬克思主義的發展過程中就引發很大爭論，而筆者也將在以後的章節中加以討論。另外，如果依照馬克思的論述邏輯推衍來看，在資本主義社會中，國家的存在事實上就是無產階級異化的另一種社會表現，而進入無階級的共產主義社會時，人類真正的解放，不只意謂著人的異化的消除，同時也意謂著國家的終結。不過，馬克思並沒有對無產階級從事革命後的「後革命」階段，國家如何趨於消亡的問題加以澄清，這個問題同樣也引起往後的馬克思主義者的爭論。

從馬克思的階級理論具有社會學和政治學意涵，我們可以看出，在馬克思階級理論的演變發展過程，事實上也在鋪陳其政治社會學，但是，當馬克思在思考私有財產被消滅時，究竟會發生什麼事時，就從政治社會學跳入哲學之中，馬克思把階級鬥爭當作是社會運作的主要脈絡，他認為人類社會的國家機器（如行政部門、警察、法庭、軍隊等）以及種種制度，都是在階級鬥爭的格局內發展起來的，一句話，都是作為階級鬥爭的一個環節而存在的，它們實際上變成生產工具所有者藉以維繫他們對非所有者宰制統治的手段，但是，基本上馬克思通過階級鬥爭論述社會的變遷和發展時，深受著辯證法正反合模式的影響，而在論述無階級的共產主義社會時，也著重在將人的解放亦即人能夠透過勞動體現自由，作為人沒有階級角色、沒

有政治宰制以及國家制約時的具體特徵，政治和國家的終結論調，基本上是從歷史唯物論推衍出來的直線結論。就馬克思看來，「無產階級的革命意涵著國家的終結，而這兩個概念之間的內在關係是辯證的——通過過渡時期（按：無產階級專政）的否定作用（按：防止資產階級的復辟），將社會帶往更高的綜合階段」（Lefebvre, 1982:183）。讓社會能夠接管先前由國家所實現的功能。

第二節　馬克思社會衝突理論的「重建」

馬克思認為，一個社會的經濟的存在條件，是作為促成階級形成的客觀情境而存在的，客觀的社會經濟情境會使人成為自在（in itself）階級——客觀自然存在的階級：

> 經濟條件首先把大批的居民變成工人。資本的統治為這批人創造了同等的地位和共同的利害關係。所以，這批人對資本說來已經形成一個階級（按：自在階級），但還不是自為的（按：for itself）階級。（馬克思、恩格斯，1958:196）

> 既然數百萬家庭的經濟條件使他們的生活方式、利益和教育程度與其他階級的生活方式、利益和教育程度各不相同並互相敵對，所以他們就形成一個階級（按：自在階級）。（馬克思、恩格斯，1961:217）

在馬克思看來，受客觀社會經濟條件制約所形成的自在階

級，並不是眞正的階級 —— 亦即不是眞正懂得爲自己階級利益
而進行階級鬥爭的自爲階級，這種客觀社會經濟條件雖然會導
致人與人之間生活情境的差距，但並不一定會導致人與人之間
眞正的對立，從而使得自覺性的具有政治意涵的組織以及透過
這種組織所進行的鬥爭出現，於是具有共同生活情境的人就一
直停留在自在階級的階段：

> 由於他們利益的同一性並不使他們彼此間形成任何的
> 共同關係，形成任何的全國性的聯繫，形成任何一種政治
> 組織，所以他們就沒有形成一個階級，因此，他們不能以
> 自己的名義來保護自己的階級利益，無論是通過議會或通
> 過國民公會。（馬克思、恩格斯，1961:217）

> 在鬥爭（我們僅僅談到它的某些階段）中，這批人逐
> 漸團結起來，形成一個自爲的階級，他們所維護的利益變
> 成階級的利益。而階級同階級的鬥爭就是政治鬥爭。」
> （馬克思、恩格斯，1958:196）

馬克思在《哲學的貧困》中，特別以英國工人同資本家鬥
爭的過程說明工人如何由自在階級逐漸變成自爲階級。他指
出，在英國經濟條件把大批的居民變成工人（自在階級）後，
大工業把大批互不相識的工人聚集起來，而起初爲了維護工資
使他們能夠聯合起來組織經常性的同盟（工聯），作爲工人同
資本家進行鬥爭的堡壘，而隨著資本家爲了壓制工人逐漸聯合
起來時，原來分散的同盟就組織成全國性的工聯，此時工人們
爲抵制經常聯合的資本家而維護自己的全國性的聯盟，就比維
護工資更爲必要，於是工聯就具有政治性質，並且對資本家展

開政治鬥爭，進而形成一個政黨，這樣工人就變成一個自爲階級。（馬克思、恩格斯，1958:196）而上述這段說明馬克思在《共產黨宣言》中所說的：「無產者這樣組織成爲階級，因而組織成爲政黨……」（中華民國國際關係研究所、政大東亞研究所，1969a:37）的意涵。

馬克思認爲，在生產領域中有關生產手段所有權的分配會決定社會中政治權力的分配。亦即一般的社會權威關係（Dahrendorf, 1959:13），於是就形成宰制（domination）與被宰制的社會關係，而這就使得資本家與無產者之間的對抗變成是一種政治對抗，兩個階級之間的鬥爭也就成爲政治鬥爭。資產階級的政治權力起源於資本主義社會的生產關係，而資本主義社會的國家「不過是管理整個資產階級共同事務的委員會罷了」（中華民國國際關係研究所、政大東亞研究所，1969a:28）。

馬克思認爲，在生產領域中有關生產手段所有權的分配會影響具有歷史階段特性的理念的形塑（Dahrendorf, 1959:14）。於是擁有生產手段所有權的資產階級的理念，就會被轉變成具有「普遍性」的理念，並且替資產階級的宰制地位作辯護。「任何一個時代的統治思想都不過是統治階級底思想。」（中華民國國際關係研究所、政大東亞研究所，1969a:48）而在資本主義的歷史階段中，資產階級的思想就是居統治地位的思想，而通過傳統的運作和教育的作用接受這些思想的人，都會以這些思想作爲他們行爲的參考架構或者是動機基礎，從而使得這些思想具有普遍性：

在不同的所有制形式上，在生存的社會條件上，聳立著各種不同情感、幻想、思想方式和世界觀構成的整個上

層建築。整個階級（按：擁有生產手段所有權的階級）在它的物質條件和相應的社會關係的基礎上創造和構成這一切。通過傳統和教育承受了這些情感和觀點的個人，會以為這些情感和觀點就是他的行為的真實動機和出發點。（馬克思、恩格斯，1961:149）

馬克思上述這種觀點基本上預設，由擁有生產手段所有權所延伸出來的物質經濟力量會轉化成具有支配性的思想精神力量；而馬克思在《德意志意識型態》中曾經針對此點作詳細的論述，他認為，在每一個時代，支配著物質生產資料的階級，同時也會支配著精神生產的資料，亦即一個擁有物質生產資料所有權、掌握占絕對優勢的物質力量的階級，同時也會擁有精神生產資料所有權，掌握占絕對優勢的精神力量，而相對地，那些沒有擁有物質生產資料所有權的人，也就不會擁有精神生產資料的所有權，這樣一來，這些人的思想是要受到擁有生產資料所有權階級的支配。因此，在每一個時代，占統治地位的思想，事實上只不過是使某一個階級成為統治階級的物質關係在觀念上的表現：

占統治地位的思想不過是占統治地位的物質關係在觀念上的表現，不過是表現為思想的占統治地位的物質關係。（馬克思、恩格斯，1956:52）

亦即，每一個時代占統治地位的思想，就是一套說明擁有生產資料所有權（不管是物質的或精神的）而成為統治階級對於整個社會進行宰制統治的思想。

馬克思認為，任何時代占統治地位的思想絕不可能具有超

越階級的獨立角色；而從人類的歷史觀之，占統治地位的思想，越來越被賦予普遍性的形式，越來越抽象，其原因是，每一個企圖取代舊統治階級地位的新階級，都會將自己階級的利益說成是全體社會成員的共同利益；進行革命的階級，在它與舊統治階級對抗時，它一開始就是宣稱是作為全社會的代表出現，它以代表社會全體群眾的姿態反對統治階級，於是，進行革命的階級就會「賦予自己的思想以普遍性的形式，把它們描繪成唯一合理的、有普遍意義的思想」（馬克思、恩格斯，1956:54）。

根據上面的論述可知，馬克思認為所有權關係以及與此相關的權威關係構成社會階級形成的基礎（Dahrendorf, 1959:14），但是，尚未考察影響這種階級形成的力量。在他看來，階級不是作為一個與大眾分離、獨立於其對立階級之外的孤立實體而存在的，個人之所以能組成自為階級，「只是因為他們必須進行共同的鬥爭來反對某一另外的階級」（馬克思、恩格斯，1956:61）以及實現其階級利益。

馬克思認為，具有相同社會經濟情境的人就會有客觀的共同的利益，而且會與不同社會經濟情境的人處於對立局面，但是這樣一批人只能稱為是一個自在階級，但還不是自為的階級。這種客觀的共同利益雖然會將人置於一種「普遍的」力量之下，並且可以「作為彼此分工的個人之間的相互依存關係存在於現實之中」（馬克思、恩格斯，1956:37），但是這種共同利益與個別人的利益之間還是會有分裂，還是會有矛盾：

> 如果說現代資產階級的全體成員由於組成一個與另一個階級相對立的階級而有共同的利益，那麼，由於他們互

相對立，他們的利益又是對立的、對抗的。這種利益上的對立是由他們的資產階級生活的經濟條件產生的。（馬克思、恩格斯，1958:155）

馬克思認為，讓資產階級能夠在其中運動發展的生產關係的性質絕不是一致單純的，而是具有雙重性：這些生產關係在產生財富的同時也產生貧困，在發展生產力的同時也發展一種產生壓迫的力量，因此「只有在不斷消滅資產階級個別成員的財富和形成不斷壯大的無產階級的條件下，這些關係才能產生資產者的財富，即資產階級的財富」（馬克思、恩格斯，1958:155-156）。

由客觀社會經濟條件所延伸出來的客觀階級利益的實質，可以不同的方式表現出來，例如，無產者剛開始的直接共同利益是工資，而資產階級的直接共同利益是利潤（Dahrendorf, 1959:15），而且競爭可以把無產者分開來，資產階級之間也仍然會順著城市和農村之間的舊有的對立，產生資本和地產之間的競爭和分離。不過，由於資本主義生產關係的運作，會使無產者和資產者的利益逐漸各自統一起來，到最後就形成資產階級的保守性利益和無產階級革命性利益的對立，在每一個國家中，所有「與資產階級對立的一切階級中，只有無產階級才是真正革命的階級」（中華民國國際關係研究所、政大東亞研究所，1969a:38）；而且，在每一個國度中的無產階級到最後當然要消滅資產階級，因為無產階級是資本主義社會中最下層的階級，「它若不把壓在它頭上而由組成正式社會的那些階層（按：以資產階級為主體）所構成的全部上層建築物拋出九霄雲外，便不能伸腰，便不能抬頭」（中華民國國際關係研究

所、政大東亞研究所，1969a:39）。

馬克思認為，資產者和無產者為了體現其利益或維護其階級利益，他們分別會將自己組織成階級。資產者透過其所掌握的國家機器，透過行政立法的運作來體現或維護其階級利益，因此，資產者就形成一個階級，而無產者是資本主義社會最下層的集團，雖然隨著工業的發展，無產者不僅在數量上增加，並且集合成為廣大的群眾力量，但是無產者並不能立即直接的正式組織成為自為階級，而是隨著資本主義生產關係的運作逐漸形成的。

馬克思認為，在工業發展過程中，機器的生產不只使勞動差別消失，而且使工資差不多到處都降到同樣低微的水準；另一方面，由於機器愈益迅速發展和繼續不斷改良，更使無產者的生活狀況越發沒有保障，再加上資產者之間激烈的競爭以及由此產生的商業危機，更使工人的工資越發動搖不定，而維護工資成為無產者最早的共同利益。為了維護工資，個別工人與個別資產者間的衝突就會逐漸演變成兩個階級間的衝突。工人們開始會成立反對資產者的同盟（工會），共同保護工資，他們甚至會建立經常性的團體，以便一旦發生衝突時使自己有所保障（中華民國國際關係研究所、政大東亞研究所，1969a:36），到後來由於交通更加發達的助益，「就能把許多地方範圍內發生而到處性質相同的鬥爭集中成為一個全國範圍的階級對階級的鬥爭了」（中華民國國際關係研究所、政大東亞研究所，1969a:36）。這樣的階級鬥爭必然是政治的鬥爭，因為其必然具有政治性質，進而會組成政黨，而此時無產者集團也就成為一個自為階級了。

從以上的論述可知，馬克思認為，作為資本主義社會革命

因素的無產者組成爲階級，「是以舊社會的懷抱中所能產生的全部生產力的存在爲前提的」（馬克思、恩格斯，1958:197），生產力的發展使得無產者組織爲階級成爲可能。而就馬克思看來，階級的形成是意謂著社會集團能夠在政治領域中將共同利益組織起來，「階級是通過一個共同利益聯合而成的政治集團」（Dahrendorf, 1959:16），而就因爲如此，階級之間的鬥爭就是一種政治鬥爭，階級所從事的運動就是一種政治運動，階級通過政治鬥爭和政治運動，在一種擁有普遍的社會強制力的形式中，體現其利益。

馬克思認爲，與政治性的階級組織平行產生的是理論性的階級意識——亦即曉得要求整個階級的利益，並且分享階級的利益，使自己成爲階級的一個成員與階級融爲一體（Dahrendorf, 1959:16-17）。而這樣的階級意識是可以透過理論的方式表現出來的。就無產階級而言，像聖西門、傅立葉這些社會主義和共產主義者就是能夠將無產階級的階級意識以理論形式表現出來的理論家，但是「在無產階級尚未發展到足以確立爲一個階級，因而無產階級同資產階級的鬥爭尚未帶政治性以前，在資產階級本身的懷抱裡尚未發展到足以使人看到解放無產階級和建立新社會必備的物質條件以前，這些理論家不過是一些空想主義者，他們爲了滿足被壓迫階級的需求，想出各種各樣的體系並且力求探尋一種革新的科學」（馬克思、恩格斯，1958:157）。而只有隨著無產者眞正成爲階級，無產階級的理論家才不再需要在自己的頭腦中建構理論，他們只要注意無產者成爲階級的事實，並且有意識地把這些事實表達出來就行（馬克思、恩格斯，1958:157）。

馬克思認爲，由具有共同客觀利益之社會集團組織成爲階

級，在剛開始的第一階段，雖然以自在階級形式存在，「但他們在不斷的運動中不斷更新自己的組成部分，並且彼此互換著自己的組成部分」（馬克思、恩格斯，1961:130），而在這個階段中，統治階級可以將被統治階級的人才吸納過去，但是隨著生產力發展與生產關係形成更進一步的激烈矛盾和衝突，被統治階級會成為自為階級，而在階級鬥爭接近決戰的革命前的時期，統治階級內部，整個舊社會內部瓦解的過程便來得非常激烈，非常尖銳，致使統治階級中有一小部分人脫離出去而歸附於革命階級，即歸附於未來主人翁的階級（中華民國國際關係研究所、政大東亞研究所，1969a:37-38）。在資本主義社會中，當無產者隨著大工業發展而成為自為階級，並與資產階級在接近決戰的革命前時期，會有一部分資產階級份子轉到無產階級方面來，而這些人便是已經在理論上認識歷史運動進程和趨向的「進步的」資產階級思想家（中華民國國際關係研究所、政大東亞研究所，1969a:38）。

每一個階段的人類社會到頭來都會形成統治階級和被統治階級，這兩個階級會環繞著維護和推翻既存制度和權力關係展開（政治）鬥爭和革命。而從社會利益集團組織成為階級，形成統治（壓迫）階級和被統治（被壓迫）階級之間的對立、衝突和鬥爭，最後導致整個社會革命性的變遷，這就是整個人類歷史發展的軌跡（Dahrendorf, 1959:17-18）。馬克思認為，一直到資本主義社會為止的一切存在過的人類社會都是建立在統治（壓迫）階級與被統治（被壓迫）階級的對抗上面（中華民國國際關係研究所、政大東亞研究所，1969a:39）。亦即人類社會的歷史都是階級鬥爭史（中華民國國際關係研究所、政大東亞研究所，1969a:25）。在這樣一種階級鬥爭過程中，被壓迫階級

的存在就成為每一個以階級衝突、對抗為基礎的社會之存在的必要條件，因此，被壓迫階級要求解放或通過革命獲得解放必然意謂著要求建立或是建立一個新社會，而在被壓迫階級透過革命解放自己時，就會使既得的生產力和現存的社會關係無法再繼續並存（馬克思、恩格斯，1958:197）。在資本主義社會中，資產階級和無產階級間的對抗是一個階級反對另一個階級的鬥爭，這個鬥爭發展到最後最緊張的地步，就成為全面的革命，資本主義社會既存的制度和權力關係就會被推翻。

資本主義社會崩潰後，會不會再像以往那樣又出現擁有新政治權威的新階級統治現象呢？馬克思認為不會再出現這種現象，因為無產階級解放的先決條件就是要消滅一切階級，「工人階級在發展過程中將創造一個消除階級和階級對立的聯合體來代替舊的資產階級社會，從此再不會有任何原來意義的政權了。因為政權正是資產階級社會內部階級對立的正式表現」（馬克思、恩格斯，1958:197）。在這種沒有階級和階級對抗的情況下，人類社會的進化將不再是政治革命。馬克思強調，儘管無產階級在反資產階級的鬥爭中一定要團結成為（自為）階級，而且會藉革命使自己變成為統治階級，並以此資格運用強力去消滅資本主義的生產關係，但是當它在消滅這種生產關係時也會使階級對立以及一般階級存在的條件一併消滅，從而也就會使它自己這個階級統治一併消滅。代替那存在著階級以及階級對立的資本主義社會的，將是一個以各個人自由發展為整體自由發展之條件的聯合體（中華民國國際關係研究所、政大東亞研究所，1969a:50-51）。

馬克思把迄資本主義社會為止的以階級對抗為基礎的社會之歷史叫作史前史，而稱無產階級革命後非對抗性的無階級社

會視爲眞正人類歷史的開始。總的來說，馬克思認爲，迄資本
主義社會爲止的人類社會是階級對抗的社會，階級鬥爭是人類
歷史發展的動力，它最後導致無產階級的革命，宣告以階級對
抗爲主體的史前史的結束以及以沒有階級對抗性社會爲開端的
眞正人類歷史的開始。

　　馬克思在《資本論》第3卷第52章中將單純勞動力的所有
者、資本的所有者和土地的所有者，亦即將僱傭工人、資本家
和土地的所有者，視爲資本主義社會的三大階級。就如前述這
是透過資本主義社會的經濟結構爲依據所作的階級劃分，而馬
克思仍然強調，這樣的階級結構並沒有以純粹固定的形式表現
出來，還存在著界限模糊的現象（馬克思、恩格斯，
1974:1000）。而在《1848-1850法蘭西階級鬥爭》中，馬克思更
提到金融、工業、商業，小資產階級、農民階級、無產階級以
及流氓無產階級（雷蒙・阿隆，1987:198）；另外，在《共產
黨宣言》中，馬克思也提到小工業家、小商人、手工業者、農
民這些中間等級以及流氓無產階級（中華民國國際關係研究
所、政大東亞研究所，1969a:38）。這樣一些證據很容易讓人認
爲馬克思並不是以「兩階級對立」模式作爲分析人類社會的依
據。

　　的確，馬克思並沒有否認在資本家與無產者之間還有中間
階級的存在，但是這些等級會隨著大工業的發展而趨於衰落和
滅亡，或者被納入無產階級陣營中，成爲無產階級的一份子
（中華民國國際關係研究所、政大東亞研究所，1969a:38）。換
句話說，隨著資本主義的運作和工業的發展，整個資本主義社
會就會定形爲資產階級和無產階級兩個社會集團，中間階級不
是在與資產階級鬥爭中被擊垮，就是要選擇進入無產階級中，

而且當這兩階級的鬥爭進行到最後決戰爆發革命時，所有的人都必須在兩大階級作一選擇。至於作為資本主義社會「最下層腐化過程的消極產物」之流氓無產階級，雖然可能被無產階級革命捲入到運動中來，但它更容易被資產階級收買「去幹勾當」（中華民國國際關係研究所、政大東亞研究所，1969a:38），因此，到最後還是會被消融在無產階級和資產階級兩大階級的鬥爭衝突中。此外，所謂土地所有者階級，也將隨著工業化的發展，被納入無產階級和資產階級兩大範疇的互動網絡中（雷蒙·阿隆，1987:198）。

第二章

有關馬克思階級概念的爭論與批評

馬克思從社會團體與生產手段的關係，亦即從社會團體是否擁有手段這樣一種經濟地位來作為其認知階級的依據。因此，馬克思並不是從收入和身分（status）來界定階級的，階級不是收入團體或身分團體。

　　馬克思重視社會的變遷和發展，而在他看來，階級鬥爭是社會變遷的機制，如果只是從靜態的社會階層（stratification）的分析，並不能掌握社會發展的面貌，而就如前述，馬克思階級形成以及衝突的理論，基本上就是一套社會發展和歷史演變的理論，就馬克思而言，階級是一個歷史概念，對於階級的定義必須顯示這個特性。馬克思從歷史演變過程，追尋階級的形成與變遷，階級是一個歷史範疇，有其發生發展和消亡的過程。每一個歷史階段的人類社會，其階級的分化會以不同的內容和面貌出現，但是在每一個社會，財產關係終究會使得社會分化成統治（壓迫）階級和被統治（被壓迫）階級。

　　階級是人類歷史的主角，階級概念和生產力、生產關係、經濟基礎、上層建築、意識型態等概念構成研究社會發展和歷史演變的整體架構。階級概念的意涵必須通過生產力、生產關係、經濟基礎、上層建築、意識型態等概念，才能獲得完整說明，而反過來，後面這些概念必須共同以階級概念作為中介橋樑，然後歷史唯物論才能落實到人類社會的具體研究和分析之上。

　　馬克思從人在經濟結構中的地位——亦即有效的權利與義務來認知人的階級屬性，人的階級屬性首先是通過他在所有權關係網絡中的客觀地位所確立的，而不是由其意識思想、文化習俗等來決定的，由經濟結構所促成的階級分化現象將制約人的意識思想、文化習俗以及政治態度和作為。由此觀之，馬克

思的階級概念是一種結構性的階級觀，而反過來，由於階級的分化、組合、衝突、鬥爭，以至於革命所導致的社會結構的變遷，事實上就也在呈現人類的歷史。亦即，馬克思通過歷史的演變，來論述每一個歷史階段人類社會階級的形成，從而也通過階級的分化、組合、衝突和鬥爭來論述人類社會結構的發展和歷史演變，階級對馬克思而言，並不是單純、靜態的固定社會團體，而是會歷經分裂、匯集與重組的過程。階級的分裂與匯集構成了歷史的節奏。階級內部會分裂為一些次級派系，但危機時刻來臨時，這些分裂又會湊合在一起，匯集成一個階級。

階級會分裂──如資產階級會分裂成保守派和急進派（中華民國國際關係研究所、政大東亞研究所，1969a:63）──而這些分裂的派系可能會組成各自的政黨，因此，一個階級可能會有數個政黨，一個政黨可以代表聯盟性的階級。階級並不是同質的（homogeneous）。階級雖具有基本的階級利益，但是階級卻可以在這種基本階級利益的背景中，具有自主性的產生分裂。不過，階級分裂的自主性並不能超越基本階級利益架構的制約。因此，當危機時刻來臨時，這些分裂又會湊合在一起，集中起來，「形成一個自為的階級，他們所維護的利益變成階級的利益」（中華民國國際關係研究所、政大東亞研究所，1969a:196）。從以上的論述可知，就馬克思而言，階級並不只是某種事物而更是一個過程。

馬克思認為，階級之間是具有流動性的，尤其是到最後接近決戰的革命前的時期，統治階級的一小部分人會歸附革命階級。個人基本上會受其階級地位的制約，但是個人如果能夠在理論上認識整個社會結構變遷的形勢以及隨之而來的歷史運動

進程和趨向的話，個人會尋求改變其階級的認同，願意被納入扮演革命角色的階級之中。而就馬克思來看，不管是就他與恩格斯（F. Engels）的經歷，或者歐洲的歷史，階級的理論家和領導者並不一定由自身所產生，其中最明顯貼切的例子，就是非無產階級的馬克思和恩格斯（嚴格說來他們兩人都應該屬於資產階級），卻加入無產階級並且成為無產階級的理論家和領袖。此外，值得注意的是，馬克思認為，領袖和階級之間的關係並不是固定的，尤其是在革命前後，兩者之間的關係更是變動不居，甚至出現嚴重的張力。

就如前述，階級衝突、鬥爭以至於革命會導致社會結構的變遷，對馬克思而言，階級間的衝突絕不是偶發的隨意事件，「而是任何社會，尤其是資本主義社會的必然產物」（Dahrendorf, 1959:125）。社會結構的運作，將製造出階級對立，從而導致社會組織結構的改變。

而且，馬克思認為，階級的對立和衝突到最後不外是爭奪統治權，而隨著這種爭奪而來的就是放棄現狀和維護現狀兩種立場的差異。因此，階級衝突基本上必然表現為統治階級和被統治階級，或是剝削階級和被剝削階級的衝突。而這種宏觀總體式的「兩階級」衝突，基本上體現了社會生產力和生產關係的矛盾以及受這種矛盾制約的經濟基礎與上層建築的矛盾。馬克思認為，當社會集團還處在自在階級（class-in-itself）的階段時，其所進行的鬥爭是一種受客觀社會經濟情境所制約的自發性的鬥爭，而就以資本主義社會而言，當無產者還處在自在階級的階段時，無產者對資本家的自發性鬥爭是經濟鬥爭，這是無產者向資本家要求提高工資、縮短工時、改善勞動生產條件所做的鬥爭。在這種鬥爭中，無產者可能進行隱藏性的鬥

爭，如偷偷地破壞機器設備，而一個廠或地區甚至是全國性的罷工是其最高的形式，而工會則是在這種鬥爭中所形成的無產者的最初組織形式。不過，就如前述，當無產者通過政黨組織成自為階級，自覺意識到無產階級的整體根本利益時，無產階級就會對資產階級進行自覺性的公開政治鬥爭，推翻資產階級所握有的統治權和主導權，以便取消資產階級對無產階級的經濟剝削和政治宰制。這樣的政治鬥爭是無產者自覺作為階級整體所投入的鬥爭，以便維護和體現無產階級整個階級的根本利益。而在無產階級對資產階級進行政治鬥爭的同時，無產階級的政黨會通過意識型態的運作武裝無產者，使他們能繼續不斷從自在階級轉變為自為階級，並且擺脫、抵制資產階級思想的影響（中華民國國際關係研究所、政大東亞研究所，1969a:41）。從以上的論述可知，自發性的階級鬥爭會獲得組織，進而轉變成爭奪統治權的自覺性的政治鬥爭，並且在思想鬥爭中表現出來。不過，就馬克思而言，完全公開的階級鬥爭有經濟、政治和意識型態等三種形式；這三種形式以政治鬥爭為核心，但是在實際階級鬥爭中卻可以互為前提，互相滲透，從而使得階級鬥爭呈現多樣化的形式（中國大百科全書編輯部，1987:354）。

第一節　韋伯的階級觀及其與馬克思階級觀的差別

在討論馬克思的階級與階級衝突理論，韋伯（Max Weber）的「身分集團」（status groups）概念一直是個必須注意到的概念，而將馬克思的階級與韋伯的身分集團加以比較討論，一直

是社會學界的重要課題。不過，不同理論背景的社會學研究者對於這個問題的討論方式就不同。就帕森斯（Talcott Parsons）看來，「身分」可以將階級系統中的內在革命傾向轉化掉，成為某種非革命的以及建制化的妥協。亦即，帕森斯認為，「身分裝有煞車器可以中和掉階級衝突的力量」（Wenger, 1987:19）；很明顯的，帕森斯是從功能論的角度來詮釋韋伯的「身分」概念的。但是當韋伯社會思想的衝突面被強調時，社會學家如哥斯（H. Gerth）、米爾斯（C. W. Mills）、邊帝克斯（R. Bendix）以及羅斯（Guenther Roth）等人都從衝突論的角度來看待身分集團，他們認為身分集團是衝突集團，與政治和階級衝突複雜地牽扯在一起。於是，就他們看來，「在馬克思自為階級概念和韋伯的身分集團概念之間有很重要的相似性，似乎階級和身分變成相互滲透的概念」（Wenger, 1987:19）。亦即，馬克思的階級概念和韋伯的身分概念不再被認為是明顯對立和區別的概念，而是具有重疊性的概念。

事實上，韋伯和馬克思對於階級的看法是有所不同的。韋伯認為階級是在市場中運作，而馬克思基本上認為階級是在生產中運作，換句話說，韋伯和馬克思對於階級的運作場所是有不同的看法，而與這種不同看法相對應的是，韋伯著重邊際效用理論，而馬克思則著重勞動價值論。亦即，韋伯是從市場取向來看待階級，階級衝突是在市場系統中運作，而馬克思是從生產取向來看待階級，階級的客觀位置首先是在生產過程中被決定的。

就韋伯而言，導致階級產生的因素，是那些與勞力和商品市場直接關聯在一起的經濟利益。亦即階級情境（class situation）是由市場情境所確定的，「在這種意義上，階級情

境根本就是市場情境」（Weber, 1982:62）。而所謂階級指的是所有處在相同階級情境中的人。如果要進一步從上述的意涵推論下來，所謂階級情境指的是透過商品或勞力市場取得財貨，獲得生活中的地位以及發現內在滿足感的機會。而當人能夠從參與相同的經濟領域得到生活機會時，人就擁有相同的階級情境。階級情境以財產關係來加以界定，但其必須通過市場表現出來，階級是一種市場現象。我們說某些人是一個階級時，是指這些人：(1)具有共同的特殊生活機會；(2)這些機會是通過他們在擁有財貨和收入機會中的經濟利益表現出來；(3)而且，這些機會是在商品或勞力市場的制約下表現出來的（Weber, 1982:62）。

基本上，韋伯認為，一個階級本身不會形成一個集團，將階級等同於集團將會產生誤導。只有笨人才會去探究階級的存在，事實上，我們所能發現的只是某些行動的階級性。換句話說，階級不是某種事物，也不是某種關係，它是個別行動的一種相當特殊的匯集，我們只能從針對經濟情境而有所反應的行動去了解階級的現象，但我們並不能說確實有某個階級組合的存在：

> 就我們看來，「階級」不是社群；他們僅僅代表社會行動的可能，而且是經常性的基礎。（Weber, 1982:61）

韋伯對於階級的分析是一種現象學的分析，就他看來，我們不能說某個人是某個階級的成員，而只能說某個人的行動具有階級性。而我們如果要了解韋伯對於階級的詮釋，就必須掌握「社會行動」（social action）的意涵。不過，要了解社會行動的意涵，就牽涉到要了解「群眾行動」（mass action）以及

「公有行動」（communal action）的意涵，而溫格（Morton G. Wenger）曾就這三個概念加以說明：

> 首先，「群眾行動」很明白地是指許多個人個別地對一些包括他們的「經濟」情境在內的社會因素的一種反應。而「公有行動」則有個人因為經歷相同的社會情境而相互注意到對方以及相互模仿行動的意涵。（Wenger, 1987:54-55）

亦即公有行動是那些有屬於同一群人感受者的行動，這種行動可以是理性的，也可以不是理性的。而社會行動基本上則是利益促動制約下的理性行動。就韋伯看來，階級情境並不能具體地被指陳出來，它並不是一種實體或事物，我們只能通過社會行動來凸顯階級情境，換句話說，階級情境只有在社會行動的基礎上才能浮現出來（Weber, 1982:63）。韋伯認為，與社會行動直接關聯在一起的階級利益這個概念，基本上是一個相當曖昧的概念，而且，其與另一個有密切關聯性的「階級意識」概念，都缺乏任何確定的形式，事實上，儘管擁有相同社會位置的人，隨著社會和歷史環境的改變，其對利益的認知形式就會有所不同，韋伯這種對階級意識的理解與馬克思主義是不同的，馬克思所認為的階級意識指的是階級成員對階級的真正利益的一種客觀正確的了解，至於其他包括盧卡奇（G. Lukács）在內的馬克思主義者也都傾向於認為階級意識是一種對階級本身客觀正確的了解；「那麼，就盧卡奇和一般馬克思主義而言，階級成員的主體性，可以視其是否有助於階級利益的提升，而被判定為『真』或『假』的。再而，對盧卡奇而言，『階級意識』並不是一種韋伯意涵的『經驗性的』概念，而毋

寧是一種『客觀的』範疇，是可以與經驗性的現實相比較的。
『階級意識』對於馬克思主義，在過去以及現在都是對階級的
客觀正確的理解，而且或者是階級成員對有助於行動的階級利
益的客觀正確的理解」（Wenger, 1987:57）。基本上，馬克思是
透過階級與一些客觀的具體範疇，如生產手段的關係來界定階
級的，因此就馬克思而言，階級毋寧是一個客觀的歷史現象，
而就因爲如此，階級的利益也就可以被客觀的決定。

　　就韋伯看來，身分集團道道地地就是一種很具體的人群組
合，但是其並沒有固定的組織型態。因此，身分集團與階級是
有所不同的，而且，階級情境是解釋經濟因素制約下的產物，
而身分情境則是由社會聲譽所決定。人在市場中的社會行動可
以凸顯其階級性，但人的社會行動不會僅限於一個市場內，因
此，人有可能隸屬於兩個以上的階級。階級情境雖然可以決定
置身其中的人尋求利益的方向，但卻無法決定其尋求利益的方
式，亦即有共同階級情境的人會有不同追求利益的方式。至於
「身分情境」，韋伯的定義是：

　　　　身分情境指的是構成人生活的具有典型意義的要素，
　　此種要素由某種特殊的、正面或負面的社會聲譽的評估所
　　決定。（Weber, 1982:65）

　　至於評估社會聲譽的標準，韋伯認爲計有以下幾種
（Weber, 1982:72）：

1.生活方式。
2.正式的教育。這樣的教育可以是：(1)經驗的訓練；(2)理
　性的知識傳授，以及相應的行爲方式的教導。

3.世襲的或職業的聲望。

韋伯認為，身分集團在以下這些情況可能就會產生（Weber, 1982:73）：

1.由於人們自己的生活方式，特別是職業類型：這是「自己認為的」（self-styled）或職業的身分集團。
2.通過世襲的卡理斯瑪（charisma），以及由於成功的聲稱擁有高級血統：這是世襲的身分集團。
3.通過對政治或聖職（hierocratic）權力的壟斷獨占：這是政治或聖職身分集團。

就韋伯看來，身分集團是由於聲譽而產生分層的，而生活方式是決定身分集團分層的相當重要的標準，至於階級是按照其與生產和財貨獲得的關係而產生的分層的：

> 如果說得更簡單點，那麼我們可以說，階級是按照他們與生產和財貨獲得的關係而分層的；然而身分集團是按照由特殊生活方式表示出來的財貨消費的原則而分層的。（Weber, 1982:67）

亦即，韋伯認為，通過財貨消費所表現出來的生活方式是評估身分的最重要的標準。而財貨消費與財產有關。不過，韋伯強調，缺乏財產是使人喪失身分的一個理由，但缺乏財產本身並不一定導致身分的喪失。人們會因為財產多寡不同而處在不同的階級地位，但卻有可能因為有共同的教育而產生共同的生活方式，從而擁有相同的身分：

> 一個官員、公務員或學生的階級地位可以因為他們的

財富有很大的差別，但因為教養和教育創造了一種共同的生活方式，並不一定導致身分的不同。（Weber, 1982:73）

不過，韋伯強調，身分集團常常是由財產階級所造成的。當然，財富相當的人會形成同一個身分集團，但是，財富並不是決定身分資格的唯一因素，就他看來，「有產者與無產者可以同屬於一個身分集團」（Weber, 1982:65）。而從這個觀點推論下去，身分集團並不是包裝著社會聲響的財產階級，階級與身分集團之間是以非常多的方式發生關聯的：

> 各種階級特徵是透過非常多的方式與各種身分特徵發生關聯的。財產本身通常並不一定就被認為是一種身分資格，但是就長期而言它是一種身分資格，而且會產生特別的制約作用……。身分聲譽並不必然與階級情境發生關聯。相反地，它在正常情況下往往會與全然的財產的炫耀尖銳對立。（Weber, 1982:65）

社會聲譽正常地是通過特殊的生活方式表現出來，而且必須要行為者自己主觀認定來加以確立。不過，值得注意的是，韋伯在說明財產並不是形成身分資格的唯一因素時，他並沒有忽視財產的重要性，就他看來，通過世襲以及在市場運作中獲得的財產，可以決定財貨消費的方式和能力，從而就可以決定一個人的身分地位。因此，對某種具有特權的獲利方式的壟斷獨占是表現身分的一個很重要方式。因此，隨著身分秩序結構的運作，便會阻礙市場的自由發展，但市場的運作是會超越任何社會聲響的，是會突破身分壁壘的，所以，隨著市場的運作，原先的身分秩序可能就會變得很不穩定。但新的身分秩序

形成後，身分集團就有可能企圖壟斷獲利的方式，建立更多的市場規範，影響到人們的階級定位以及整個社會的階級秩序，市場是階級和身分團體發生關聯的場所。

就如上述，身分聲譽經常是由生活方式表現出來，而且要靠行為者自己主觀的認同感來加以確立。而與這種認同感、歸屬感相關聯的事情是會因此而導致身分團體的社會交往的限制。這種限制最明顯的表現在，只有相同身分的人才互相通婚，亦即導致相當徹底的「同族通婚的壁壘」（endogamous closure）（Weber, 1982:65）。這樣一來，身分集團之間可能就只有水平的來往，而沒有垂直性的來往，這就會形成等級森嚴的具有排他性的卡斯特（caste）制度的出現，卡斯特基本上是一種血統社群，相信血統關係，排斥族外通婚以及一般的社會交往，而且會將血統上隔離的集團轉變成垂直性的上下從屬的關係（Weber, 1982:65-66）。

韋伯對於階級和身分團體的論述，為往後對階級問題的討論，在馬克思之外建立了一個傳統，影響所及幾乎可說形成了一個韋伯學派的潮流，這個潮流與經濟決定論、阿圖舍學派潮流（Althusserian School）以及盧卡奇傳統等從各方面批評詮釋馬克思的階級與階級衝突理論。

第二節　阿圖舍途徑與韋伯途徑的觀點差異

馬克思將歷史作階段性的劃分，而且通過歷史唯物論認為，每一個階段都會以某種特殊的生產方式來表現其特徵，而以這種生產方式為基礎，將會有一個包含統治和被壓迫階級的

階級結構的存在。這兩種宏觀性的階級間的對立鬥爭，將決定人際間的社會關係。在每個階段的統治階級基本上是擁有生產手段控制權和所有權的社會集團，而被壓迫階級則是指沒有擁有生產手段控制權和所有權的社會集團。「階級是通過其在整個經濟結構中的不同地位而區分開來的」（Bendix & Lipset, 1966:7），相對的，也就是通過在隨之而來的生產組織中的角色而區分開來的。宏觀的經濟結構以及生產組織是階級存在的必要而非充分條件。階級（自為階級）的形成必須經過底下這樣過程（Bendix & Lipset, 1966:8-9）：

1. 受經濟結構和生產組織制約的自在階級之間環繞著經濟報酬的分配進行衝突和鬥爭。
2. 具有相同階級地位的人之間，其理念和行動綱領能獲得持續性的溝通。
3. 具有相同階級地位的人形成團結感並且了解他們的歷史角色，以至於形成階級意識。
4. 具有相同階級地位的人想要爭奪對經濟結構和生產組織運作的控制權。
5. 組成政治組織，有組織地追求共同的利益和目標，此時，階級才由「潛在」（potential）或自在階級成為自為階級。

面對馬克思的階級觀，後馬克思的有關研究者產生了相當大的解釋的分歧，其中之一種解釋可以深受黑格爾影響的盧卡奇（Lukács）為代表，他形塑了一套目的論式的階級觀，將階級視為歷史的主體，並且能夠在一種具目的性的方式中運作，主導歷史的發展；而在另一方面，則有不少詮釋者，基本上則

傾向於將「階級視爲一種純粹的經濟現象」，凸顯經濟因素在形塑階級過程中的重要性。而阿圖舍（L. Althusser）則反對上述兩種階級觀，他認爲，每一個社會都包含經濟、政治和意識型態三個層面，這三個層面在不同的社會會有不同的組合，這種複雜性會反映在階級形成的過程與特性之中，因此，我們絕不能有過於簡單的經濟決定論的階級觀。而且，阿圖舍認爲，每一個社會的階級關係都會受由時空因素所制約的特殊歷史格局的影響。

以上阿圖舍有關階級的看法，成爲波蘭扎斯（Nicos Poulantzas）階級觀的基礎。他認爲，馬克思認知階級時，主要是從社會團體在生產過程亦即經濟範圍中的位置（place）來界定階級，但是，「我們不能因此認爲經濟位置是決定社會階級的充分條件」（Poulantzas, 1982:101）；階級的形成也受到政治和意識型態的影響，「階級……是透過它在包括政治和意識型態關係在內的總體分工結構中的位置獲得肯定的」（Poulantzas, 1982:101），亦即階級的形成是受包括生產關係（包括人與人的關係以及生產者與勞動手段和對象的關係）、政治、意識型態宰制與被宰制關係的整體結構的制約，社會階級只有在階級鬥爭之中才能存在。

從這個角度出發，他認爲，絕不能從收入來界定區分階級，階級不是收入團體，「收入的相對水平的差別本身也只是生產關係運作的結果」（Poulantzas, 1982:102）。通過經濟、政治和意識型態等三個層面所形成的結構關係可以確定階級的「位置」，而透過受時空因素影響所形成的特殊歷史格局可以確定階級的「地位」（position——與其他階級形成分分合合的互動關係）。

波蘭扎斯認為，從經濟層面來看，在分化成種種階級的社會中，統治階級是指對生產手段擁有真正（而非法律形式）的經濟控制權和所有權——亦即具有使用生產手段以及處置產品的權力——的社會團體。而在資本主義社會中，受剝削（勞動）階級是完全被剝奪勞動生產手段的，只能將其勞動力當作商品出賣給資本家為其生產商品，被資本家榨取和剝削剩餘勞動和剩餘價值的社會集團。在資本主義社會中，「生產通常就代表著階級之間的分工、剝削與鬥爭」（Poulantzas, 1982:104）。勞動階級的勞動是會引發某種特殊形式的剝削的生產性勞動，因此勞動階級是會生產剩餘價值（商品）的生產性勞動者，而通過這種了解，我們絕不能從工資來界定勞動階級，的確「每一個勞動者是一個賺取工資的人，但並不是每一個賺取工資的人都是勞動者，因為並不是每一個賺取工資的人都必然是一個生產性的勞動者，亦即產生剩餘價值（商品）的勞動者」（Poulantzas, 1982:104），像銀行、服務業中工作的人，屬於商品流通領域，但並不直接生產剩餘價值，只是體現了剩餘價值。

　　階級的形成雖然是依賴生產關係，但生產關係與政治和意識型態所確立的社會分工直接相關聯，在社會分工中所擁有的位置決定其在勞動生產過程中的位置，亦即社會分工可以支配決定在生產過程中的技術性分工的本質。因此，絕不能從生產的技術意涵來界定生產性勞動和勞動階級，而必須從社會分工的位置將勞動階級界定為要生產剩餘價值和被剝削的階級（Poulantzas, 1982:105）。

　　純粹的經濟面向不足以說明階級的形成，而絕對必須要從社會分工的意識型態和政治關係來進行，亦即必須從政治和意

識型態面向來界定階級。而著重從這兩個面向來說明階級時，必須特別處理小資產者（petty bourgeoisie）是否成為一個階級的問題。在資本主義社會中，諸如上述在銀行和服務業工作的人，以及公務員或其他不同機構的職員，基本上是非生產性的賺取工資的勞動者，他們算是小資產者，雖然像其他生產性的賺取工資的勞動者一樣出賣他們的勞力，但他們是因被強取剩餘勞動，而非因生產剩餘價值而被剝削的（Poulantzas, 1982:107）。這些小資產者與小公司的企業的擁有者，這些傳統的小資產者，雖有不同的經濟位置，但因為擁有相同的政治和意識型態的特性而可以被視為一個階級，亦即政治和意識型態因素對於認定小資產者成為一個階級顯得格外重要。「這些小資產者標榜個人主義，力求維持現狀害怕革命；相信『社會進步』以及希望擁有資產者身分；相信有可以超越階級的『中立國家』的存在。」（Poulantzas, 1982:108）這兩種小資產者雖可以因為政治和意識型態的原因而被視為一個階級，但在這個階級中卻分化成許多的階層。

　　波蘭扎斯進一步從阿圖舍的觀點認為，在具有宰制霸權的統治階級中，亦存在著分裂，而這些分裂則表現在國家機構的權力關係之中，更重要的是，通過這些分裂可以使不同的機構在整個國家系統中相互具有相對的自主性，以及使國家系統與統治階級之間亦具有相對的自主性（Poulantzas, 1982:109）；但這並不是說，國家機器只是各自分離的機構的集合體，它會超越階級分化的矛盾，表現整個統治階級的統一權力。不過，在國家機器的運作中，其中某些機構當然會比其他更具有宰制力。而階級的鬥爭以及統治階級內部的分化會決定國家機構的修正變革幅度（Poulantzas, 1982:110）。

波蘭扎斯基本上從阿圖舍的途徑，重新建構了馬克思的階級理論，而萊特（Erik Olin Wright）認為，波蘭扎斯的階級理論並沒有處理以下這個問題：某些階級在階級結構中擁有客觀的矛盾位置。他強調，社會階級之間存在著對立矛盾關係，但階級本身所擁有的客觀矛盾位置，則是應該受重視的問題。而要了解這個問題，必須了解階級關係真正運作過程中的客觀矛盾，他認為，要了解這個問題可以資本主義社會的形成發展過程為例：

　　　　為了充分掌握資本主義社會階級結構的本質，我們首先需要了解建構階級關係的不同過程，分析他們在資本主義發展過程中的歷史變化，然後再檢查這些不同過程導致高度發達資本主義社會階級結構中形成階級的客觀矛盾位置的種種方式。（Wright, 1982:113）

　　萊特指出，在資本主義社會中，下述三種人在整個階級關係中就處在矛盾的位置上（Wright, 1982:113）：

1. 經理人員和監督人員（managers & supervisors）夾在資產階級和無產階級之間處境矛盾。
2. 半自主的受僱者（semi-autonomous）則夾在勞動階級和小資產階級之間
3. 小雇主（small employers）則夾在資產階級和小資產階級之間。

　　這三種人所處的矛盾位置是如何從資本主義階級關係的運作過程中產生？他認為在資本主義發展過程中三種相互關聯的社會變遷是造成上述三種人矛盾位置產生的基本原因：(1)工人

日益無法控制勞動過程；(2)正式的資本所有權與真正直接管理權的分開；(3)在工業企業組織中官僚經理科層體系的發展。在這個科層體系的頂端，是一些最高階的經理人員控制整個生產組織，而在他們底下則是不同的中等經理人員參與控制生產過程的各個部門，在最底層則是由某些工人繼續維持對直接生產過程的真正控制權（Wright, 1982:114-122）。

萊特認為，夾在資本家和工人之間的技術專家和經理管理人員這些被很多人稱為新中間階級的人，基本是一腳踩在資產階級這一邊，而另一腳則踩在無產階級這一邊（腳踏兩條船）（Wright, 1982:126）。這些人屬於整個資本累積過程的一部分，具有資產階級和無產階級的部分特性。

波蘭扎斯所開展出來的阿圖舍途徑另一受到批評最多的地方，在於其有關階級的位置和地位的討論。康奈爾（R. W. Connell）就以波蘭扎斯的《政治權力和社會階級》（*Political Power & Social Classes*）一書中的觀點作為他評論上述問題的依據。

康奈爾認為，波蘭扎斯承繼發展阿圖舍途徑的用心，乃在於想要避免對階級進行相當簡化的經濟主義因果解釋以及說明階級宰制和掌握國家機器之間並無直接必然關係，使馬克思主義的階級理論不會成為陰謀的國家理論（conspiracy theories of state），進而期望馬克思主義能夠應付歷史複雜性（Connell, 1982:133）。

康奈爾認為，波蘭扎斯區分了階級的位置和地位，但是一方面他並沒有作很令人滿意的清楚區分，而另一方面則使「位置」和「地位」之間失去了一致性。儘管波蘭扎斯整個分析的目的是希望將抽象的結構性分析移轉到實際的社會實踐分析之

上，並且希望通過對社會實踐之格局的分析來保證結構性分析的適當性。但問題是根本沒有辦法在兩個領域間建立一致的關係。因為這兩個領域之間本身就具有「二律背反」（antiniomy）關係，而這個困境也只能以語言學的方式來化解。亦即「這兩個領域的關聯充其量只是一個領域可以為第二個領域有關概念的界定提供語言學和邏輯的分析架構，除此之外別無其他關聯，亦即所謂『結構性決定』（structural determination）變成第二個領域的概念之間的一種邏輯的後設關係」（Connell, 1982:134-135）。康奈爾認為，波蘭扎斯基本上是將第一領域中環環相扣相當嚴謹的概念系統很隨意的在第二亦即社會實踐領域加以應用，然後企圖尋求兩者之間的一致性。這樣一來，歷史就變成相當抽象的萬花筒（kaleidoscope），其片段是可以藉著概念之桶的旋轉重新獲得排列（Connell, 1982:135）。

波蘭扎斯徘徊於抽象的結構性分類與具體的事件之間，並且企圖透過功能主義的觀點來填補這兩個領域之間的鴻溝，亦即希望能夠從具體事件對於整體結構運作所完成的功能，將具體事件與抽象的結構性階級概念系統關聯起來，這樣一來具體事件就會變成概念性的語言。其中最為明顯的就是，認為「國家具有建構社會組成各層次之間凝聚力的特殊功能」（Connell, 1982:139）。國家被視為其有固有的統一性，從而淡化了在國家內部所產生的對抗事件的存在（Connell, 1982:137）。

包括波蘭扎斯在內的阿圖舍學派基本上認為，生產關係的結構決定生產者所能擁有的位置，生產者只不過是「位置」的擁有者，而意識型態的功能乃在於將人們嵌入結構為他們所界定的階級位置。由這樣的立論出發，那麼勞動階級自己就無法建立正確的理論，因為按照定義，勞動階級會永遠受制於資產

階級意識型態的宰制。那勞動階級如何才會有符合其階級需要的理論呢？這就唯有從外來灌輸。這樣一來，就必然要進一步去證成先鋒隊黨理論的合理性，以及否定勞動階級的自發性以及自我管理和自下而上普遍動員的可能性。而更重要的是，這種看法到頭來，還是會歸結到「無產階級專政的社會主義民主」這個結論上來（Connell, 1982:143-144）。因此，阿圖舍學派的階級分析基本上其有為社會主義政治服務的意涵，其階級理論到頭來還是掉入精英主義以及鼓舞好戰精神的陷阱之中：

> 除了對好戰本身的要求外，從結構分析推論不出任何政治結論。（Connell, 1982:146）

康奈爾認為，阿圖舍學派階級理論所包含的好戰精神最後會否定持續性社會變遷以及完全否定既存國家的結論。而由此看來，阿圖舍學派的階級理論與史達林主義政治學具有「基本的親密關係」（fundamental affinity），不過，兩者之間當然不能直接畫個等號（Connell, 1982:146-147）。

阿圖舍學派否定人的主體能動性，其階級理論是後馬克思時代社會學和政治學的主要潮流之一，而上述所謂阿圖舍學派除了阿圖舍、波蘭扎斯，最主要尚包括卡去迪（Carchedi）。

上面最主要是論述對阿圖舍學派階級理論的評論。而接著下來，筆者要論述紀登士（Anthony Giddens）對馬克思階級理論的重建。

紀登士在〈階級建構與階級意識〉（"Class Structuration & Class Conscioueness"）一文中（Giddens, 1982:157）認為，要以同情的態度去重建馬克思的階級和階級衝突概念，必須面對韋伯所提出來的挑戰，甚至只有追隨以及發展韋伯在這方面的

某些洞見，才能克竟其功。尤其是解釋經濟關係如何變成非經濟的社會結構，以及「經濟階級」如何變成「社會階級」時更要如此（Djilas, 1963:157）。

　　紀登士認為，「階級」這個概念所以出現混淆和歧異的最主要根由之一，是它經常被用來指涉經濟範疇以及社會組合。韋伯就是用這兩種方式來使用階級這個語辭，而紀登士聲稱他採用了韋伯「社會階級」這個辭的階級意涵（Djilas, 1963:157-158）。

　　在進入對階級關係建構的討論之前，紀登士認為，有必要先澄清「階級不是什麼？」的問題（Giddens, 1982:158）：

1. 階級不是一個特殊實體（specific entity），階級並不具有「被公眾認可」這樣的同一性。
2. 階級必須與階層區分開來，而階級理論則必須也與階層的研究區分開來。「因為為了達到分析的目的，可以透過量度方法很精確的去劃分階層，例如有關『收入階層』的研究，但對階級的區分絕對不可能用這種方法來進行。」
3. 階級必須與精英區分開來。以培累多（Pareto）和莫斯卡（Mosca）為主所形成的精英理論，在某種程度上，很明顯的是針對階級分析而發的，「這些精英理論家，以『精英』和『群眾』的對立來取代階級關係，以精英循環的永恆更替取代馬克思的階級社會和無階級社會的排列」。

　　紀登士認為，階級建構的間接根源（mediate source）是社會流動機會壁壘的程度（degree of closure of mobility chances）。一般而言，社會流動機會壁壘的程度越大，越會加速具有同一性階級的形成。因為流動機會壁壘的程度越大，就會形成代代相傳的共同生產經驗，而這種生命經驗的同質性又會因市場的運作而獲得強化，具有共同生命經驗的人在勞動市場中極有可能被限定在某些產生很接近的物質收入的職業上。事實上，社會流動壁壘程度會影響人們在市場運作中的能力。所謂「市場能力」（market capacity）是指個人在形成勞動契約中用做談判籌碼的能力，而底下這三種市場能力是最為重要的：對生產手段的財產擁有權、教育或技術資格、勞力的所有權（Giddens, 1982:159）。

此外，紀登士認為，階級建構的直接而且相關聯的根源：在生產企業中的分工、企業中的權威關係、在消費領域中的分配性組合（distributive groupings）（Giddens, 1982:159）。而在現代工業發展的大環境中，技術使得勞力勞動者和非勞力勞動者之間很明顯的分開來，對於階級建構產生最有意義的影響。至於所謂「分配性組合」是指「與共同的經濟財貨消費模式有關的人際關係」（Giddens, 1982:159-160）。階級並不像包括馬克思在內的傳統詮釋方式所認為的，只是生產領域中的現象，消費模式對於階級建構的影響力應該得到重視（Giddens, 1982:159）。

任何階級本身都是個社會實體，它的成員一定會通過共同的行為和態度模式表現出來，亦即階級內部的成員會表現出共同的生活方式（styles of life），階級的存在絕不是只具有抽象的存在意義（Giddens, 1982:162）。

另一個受韋伯影響，在階級理論領域占有一席之地的是帕金（Frank Parkin）。他採用了韋伯的「社會壁壘」（social closure）概念。帕金所謂的「終止」（壁壘）是指涉團體排斥「局外人」，並且獨占資源，使其不落入別的團體手中的某種能力，其中獨占是相對於競爭者而言的，其目的是使社會和經濟機會對局外人的終止。因此一套「壁壘」策略（closure strategies）包括排他以及獨占（exclusion & usurpation）雙重性，而權力是「壁壘」內在的屬性，「壁壘」策略事實上就是動員權力參與分配性鬥爭的種種手段（Parkin, 1982:176-177）。

帕金企圖將「社會壁壘」概念應用到階級分析中，使其成為階級理論的核心概念，而他認為，通過排他以達到社會壁壘是階級形成的主要方式。在不同形式的社會中，宰制性階級是通過對不只包括馬克思最看重的資源——土地或資本——而且也包括武力或「一般的知識」等資源的壟斷而形成的。

排他是所有社會中，最具優勢的壁壘形式；而在現代資本主義社會中，資產階級透過兩個主要的排他性設計來將自己建構成階級，並使自己繼續成為階級：(1)壟斷控制財產或者特別是資本；(2)壟斷專業資格和能力的獲得（Parkin, 1982:178）。在一個社會中，是否存在著階級系統，並不是看其是否有剩餘價值被榨取的現象，而是看某些集團是否會用排他性的權力去獲得和維持特殊的物質特權，沒有財產者不管他們在什麼樣的工作情境或社會情境中，總是會被整個政治和法律機器所壓服，於是他們就成為一個階級（Parkin, 1982:181）。而在階級分析的脈絡中，談到財產事實上只是談到資本，而不是占有，而只有把財產當作資本對於階級系統的分析才是有用的，因為雖然個人所有和個人資本都需要排他權利，但只有在後者的排他權利會對被排斥的人的生活機會和社會條件產生重要影響（Parkin, 1982:183）。

透過以上幾篇有關階級形成的討論，我們可以了解阿圖舍和韋伯途徑的要點。馬克思基本上認為，階級首先是生產領域運作下的產物，馬克思並不希望從收入來界定階級，因此，馬克思並不認為階級是「收入集團」。此外，馬克思強調，儘管無產階級在由自在階級轉變為自為階級時，確實需要一些理論家為其系統化階級意識，但是，當無產者成為自為階級，無產階級的理論家就不再需要在他們自己的腦中建構理論，他們只要注意無產者成為階級的事實，並且有意識地把這些事實表達出來就行。再而，馬克思認為，客觀的社經情境只能說明一個社會團體作為自在階級而存在；而只有進一步透過政治和意識型態的說明，才能說明社會團體如何從自在階級轉變成自為階級。的確，馬克思相當重視從結構性分析的角度來說明階級的形成；但他並沒有因此而取消無產者的自發性，甚至歸結出無產階級需要一個先鋒隊黨的結論。儘管，波蘭扎斯的階級理論被批評為無法使「位置」和「地位」這兩個關鍵概念具有明顯的區分，而它們之間也缺乏一致性，但波蘭扎斯無疑的透過「位置」和「地位」這一套概念，為階級分析提供了另一種了解的途徑。

第三章

有關馬克思「階級意識」概念的爭論與批評

在馬克思的階級理論中，階級意識以及與之相關的意識型態問題亦是被討論爭論的焦點。

湯普遜（E. P. Thompson）認為，階級並不是抽象的概念，而應該是一種歷史現象（historical phenomenon）：「我強調它（按：階級）是一種歷史現象，我並不把階級看成是一個『結構』，或甚至是一個『範疇』，而是把它看成是在人類關係脈絡中事實上發生（以及顯示出來已經發生）的事物。」（Neale, 1983:114）他認為，如果我們要以任何既予的固定時刻為準，分析階級的結構，都會發現不得要領，因為我們所要的並不是有關階級的標本（Neale, 1983:114）。

湯普遜認為，有共同的經驗，並且認同於共同的利益是階級得以產生的先決條件，「當某些人有共同的經驗（不管是傳承下來的或目前才共有的），在他們之間存在著利益的認同，並反對和他們有不同（通常是對立的）利益的人，那麼他們就成為階級」（Neale, 1983:115）。人的階級經驗大部分是由他們生下來就置身其中的生產關係所決定的，而階級意識就是體現在傳統、價值系統、理念系統和制度結構中以文化的語辭表達出來的階級經驗，儘管階級意識可能會在不同時空中以相同的方式產生，但我們絕不能說階級意識會永遠以相同的方式、相同的規律產生（Neale, 1983:115）。

湯普遜強調，有人把階級看成是某種活生生的事物，只要它適當的察覺自己的真正利益和地位，它應該就會有階級意識（Neale, 1983:115）。也另外有些人則捨動態的階級觀，改由靜態的角度來認知階級，從其結構因素並企圖很精確的界定階級，而另外有些人則乾脆認為階級概念根本就是一個錯誤的理念建構，階級根本從來就沒存在過（Neale, 1983:115）。

要了解何謂階級？這是一個歷史問題，因為我們所要關心的是階級如何在歷史中形成？我們研究階級，事實上就是觀察某個社會變遷階段中人的關係模式，階級唯有通過人所經歷過的歷史才能被界定。換句話說，階級是一種不斷演變發展的歷史現象，它是屬於社會建構（social formation）和文化建構（cultural formation）的一個環節（Neale, 1983:116）。而如果從這樣的角度去了解階級，我們可以了解到，階級成員之間的利益認同意識，是會體現在許多制度形式之中的；而且，階級意識的昂揚基本上是以階級的對立為基礎的。

第一節　尼爾及卡宏的看法

尼爾（R. S. Neale）在《1680-1850英國歷史中的階級》（*Class in English History 1680-1850*）一書中強調，階級是馬克思思想的核心，要了解馬克思的思想，一定要了解他的階級概念以及與之相關的階級意識概念。馬克思「相信社會是通過階級中固有的對立而變遷的，而人也是做為資本主義社會中階級的成員來行動，才使他們自己會有做為自己創造者的意識。他相信，通過階級，以階級作為社會關係的中介範疇，人才能變成他們之所是，而且只有通過階級，人才能進行勞動，這不只使某些人而是使全人類獲得拯救」（Neale, 1981:17）。

很不幸的是，尼爾指出，馬克思並沒有對他的階級概念作過有系統的清楚陳述，讀者必須從他不同的著作中去搜尋整理。不過，達倫道夫在《工業社會中的階級和階級衝突》一書中不厭其煩的從馬克思不同著作中有關階級的論述，加以整理

連貫，對研究者提供不少的幫助，但是，達倫道夫的整理忽略馬克思階級理論中很重要的「階級意識」這個概念（Neale, 1981:18）。

尼爾指出，在《資本論》第3卷第52章中，馬克思企圖解答「什麼事情形成階級？」這個問題，而對於這個問題的回答，馬克思認為不能光從「收入和收入源泉的同一性」（馬克思、恩格斯，1974:1001）來加以解決。此外，馬克思也反對從財富大小的不同來界定區分階級，因為這可能產生毫無意義的無止境的劃分現象。馬克思之所以反對從收入，或收入和消費根源來認知階級，還因為他認為，收入和消費是屬於分配和消費的領域，而分配和消費只是生產領域的產物，財產才是生產領域的主要因素。「毫無疑問的，在馬克思的觀點中，階級的基礎是一種財產關係。」（Neale, 1981:19）

不過，尼爾強調，馬克思並沒有將財產關係看成是一個獨立的關係，或是將財產看成是一個獨立抽象的範疇。馬克思也著重描述了資本主義生產和財產的社會條件，並且注意與原始累積相關聯的所有因素。更重要的是，馬克思注意到權力關係與財產關係的關聯性。在馬克思看來，「財產關係是階級的決定因素，而財產關係本身又是在歷史中形成的法律關係和國家權力的產物」（Neale, 1981:20）。不過，集體或國家權力與財產之間的關係並非是單向的，在一方面，社會可以通過集體或國家權力創造或鞏固私有財產權利，國家權力變成私人的私有權利；而在另一方面，任何一個社會，有財產者可以對無財產者產生權力性的影響，有財產者可以要求國家的幫助來鞏固和保護他們的財產權利（Neale, 1981:20）。「簡而言之，既然財產由權力而來，而它本身也產生權力，因此階級就關係到權力和

財產，而在馬克思思想中，這兩者是互相糾結關聯在一起的，階級關係就是權力關係。」（Neale, 1981:20-21）

　　尼爾指出，馬克思曾以十九世紀中葉英國社會結構作爲主要的分析對象，並且凸顯了其中的複雜性以及注意到中間和過渡階級的存在，但馬克思認爲，當時英國的社會以私有財產運作爲基礎，配合工業的發展，朝向「兩階級」社會發展。馬克思重視由於資本主義生產方式運作，導致作爲資本的財產的不斷集中和累積，使得社會結構不可避免的出現兩個極化對立階級：資產階級和無產階級（Neale, 1981:21-22）。但是，上面的論述所揭櫫的階級，就馬克思而言只是「自在階級」而還不是「自爲階級」，因爲，上述階級的存在只是社會經濟情境運作所促成的客觀的社會集團的分類或區分（classification），只有當社會集團的成員，在意識中體認到他們的共同社會地位（position），而且願意採取共同的行動，來爭取他們的共同利益時，社會集團才眞正成爲自爲階級。

　　不過，尼爾強調，就馬克思而言，所謂階級意識既不只是個別無產者的心理意識，也不只是所有無產者的群體心理意識，而是一種意識到所屬階級的歷史角色的一種歷史意識，而隨著這種歷史意識而來的是一種對立意識。在對立意識制約下的階級行動是一種鬥爭行動，而每一個階級鬥爭都是一種政治鬥爭，這樣的鬥爭的目標都是在推翻既存的政治國家（Neale, 1981:23）。而在這裡，就出現人的存有與意識之關係如何定位的問題。對於這個問題，馬克思最常被人引用的觀點是：不是人的意識決定他們的存有；而是反過來，是人的社會存有（social being）決定人的意識。在馬克思這樣的觀點中，最重要的是社會存有這個概念以及賦予「意識」一個新的意義。

「簡而言之，上述那個命題引發三個問題：社會存有是什麼？意識是什麼？以及其中一個如何『決定』另外一個，而且這種決定的意義是什麼？」（Neale, 1981:25）

　　尼爾認為，要了解馬克思如何回答這些問題，絕不能只求諸於他的《政治經濟學批判導言》，而必須回到馬克思早期的著作，追蹤馬克思辯證法後續發展的意涵。在《1844年經濟學哲學手稿》中，馬克思認為人是類存有（species being），在其勞動生產過程中，不只製造、創造了許多產品，而且使自己成為一個意識到自我，有自我導向的存有，換句話說，人是通過自己的勞動生產來創造自己，使自己成為人的。當人第一次從事生產以滿足他的純粹肉體需要時，人同時也是在從事歷史性的勞動在滿足他的需要，並且產生新的肉體和社會性的需要。人通過勞動生產其存在的同時也體現其生命的真正社會性本質，而人也在勞動生產過程中有了自我意識，意識到自己的社會性存有，因此人的自我意識的產生事實上也是在體現人生命的社會性本質（Neale, 1981:25-27）。對於馬克思而言，人作為類存有通常也就是作為社會存有，人互相通過對方來證成自己的存有，而資本主義社會中，由於私有財產和私有權利的運作，為「兩階級」社會的形成創造了條件，使人作為社會存有變得不可能。

　　就因為馬克思認為，人的存有是社會存有，尼爾指出，因此人和社會的改變和變遷也就必須通過社會集團來促成，這樣的社會集團就是階級。至於促成歷史發展倒數第二個時代的資本主義的變化的階級是無產階級。就馬克思而言，在資本主義社會中，資本事實上就是異化勞動或勞動力，亦即是物化（refied）、客觀化（objectified）或可以被私人所占有的勞動，

它使得資本擁有者的資本家有經濟和法律的力量去占有剝奪無產者的剩餘勞動（或是勞動力），「在這種意涵中，資本既是與人相敵對的力量，也是必要的力量」（Neale, 1981:32），而這也就是說，從馬克思辯證法的角度看，資本既是從私有財產延伸而來，但又是私有財產的否定，而通過私有財產所固有的剩餘價值剝削的權力的運作，無產階級本身就是「人作爲社會存有」的否定。但是，無產者因爲受虛假意識（false consciousness）的影響，往往並無法在意識中感受到他們這種處境。在資本主義社會中，一方面資本雖不斷累積，但另一方面卻存在利潤率下降的傾向，資本家必須設法去維持利潤率，而這就使無產階級不斷增大，因爲這會深化無產者受剝削的社會地位，使無產者產生階級意識，爲無產者對資本主義社會最終極的否定——革命，創造了條件。「而這種革命的結果不只是在摧毀資本主義而是超越資本主義。」（Neale, 1981:32）作爲資本的私有財產既是「人作爲社會存有」的否定，而在它本身運作中也否定了它自己。無產者階級意識的覺醒，並且訴諸於革命行動，超越資本主義，事實上就是作爲資本的私有財產歷經了否定的否定的過程，此時無產者才能眞正作爲類存有來存在，自己決定他自己生命的發展變化，而此時歷史發展的辯證規律就不再有用武之地（Neale, 1981:32-33）。如此看來，所謂社會存有決定意識必須被了解成「只有通過實踐才會發生；亦即在某種非自己願意所能作主的環境中，透過生活和思維的辯證連結，產生和釋放人的意志以便於其改變或維繫這些環境，就是這種以某些方式改變環境的意志，馬克思主張叫作階級意識」（Neale, 1981:33）。無產者的階級意識，是受通過其與資產階級的互動和鬥爭，從而要作爲瓦解資本主義的階級這樣

的客觀趨勢所制約的，因此階級意識包括了改變既有資本社會的歷史意識和革命意識——要求解放的意識，而不只是要求與資產階級擁有平等權利的意識。無產階級的階級意識超越了以無產階級為本位的局限。而只有從這個尺度才可以衡量，所謂的無產階級的階級意識到底是真正的階級意識或是虛假意識（Neale, 1981:45）。

尼爾從馬克思早期到晚期的著作，反省馬克思的階級和階級意識這兩個概念，而且將反省的重點擺在順著作為資本的私有財產的辯證發展，說明階級形成、發展、鬥爭和階級意識之間的辯證關係，將人的社會存有和意識結合在人的勞動實踐之中。很明顯的尼爾想要超越（不管是個人或階級的）對於意識與存在之間任何形式的決定論的詮釋，尼爾對於馬克思階級意識概念的解釋，相當強調要追溯馬克思早期的思想，而且很強烈的企圖把馬克思早期到晚期有關階級意識的說明串聯起來，使其具有邏輯一致性。此外，尼爾也說明馬克思所謂的階級意識的本質，並且提出了歷史真正階級意識和虛假意識的利弊。總的來說，尼爾基本上處理了階級意識和階級運作，以及階級意識和虛假意識的區分兩個重要問題。尼爾上述的觀點與湯普遜將階級意識的形成和運作和文化建構結合在一起的觀點，基本上可以提供我們了解馬克思階級意識之意涵的兩個重要的面向。

卡宏（Craig Calhoun）在《階級鬥爭的問題》（*The Question of Class Struggle*）一書中指出，馬克思認為，環境和利益的共同性是階級形成的主要因素，這樣的因素是客觀的，可以加以理性分析和觀察。因此，儘管馬克思關心意識的問題，但他並不需刻意去強調主觀變項，而著重表示作為理性

存有的人，可以有意識地去認知環境所給予他們的基本共同性。不過，到底能不能對階級形成的因素以及階級意識進行客觀理性的分析，馬克思的著作對於這個問題的看法是曖昧的。而列寧主義很明顯的就強調客觀主義這一面，主張「客觀正確」的階級意識是階級鬥爭的先決條件，這基本上就忽略馬克思也強調勞動者通過日常生活和鬥爭產生階級意識這一面（Calhoun, 1982:214-215）。

卡宏認為，討論馬克思的階級理論兩個很重要的語辭是「自在階級」和「自為階級」。前者是指作為外在的歷史力量的一種對象的階級，而後者是指作為歷史主體的階級（Calhoun, 1982:215）。而馬克思對於「自在階級」和「自為階級」之間的關係也是沒有交代清楚（Calhoun, 1982:216）：

1. 到底將「自在階級」（由外在界定的階級）放在「自為階級」（由內在來界定的階級）之前，是暫時的還是理論上的需要？
2. 馬克思最初對階級的界定是經濟性的，為什麼後來卻認為在政治鬥爭中，階級會發展出主體性，這樣的主體性屬於上層建築而與經濟基礎相對立嗎？
3. 階級意識在使「自在階級」變成「自為階級」的角色是什麼？
4. 階級之間結構性的對立地位是先於階級之間的鬥爭嗎？
5. 資產階級是一個自為階級嗎？
6. 被階級個別成員所認定的利益可以逐漸變成階級利益嗎？或者是，階級意識在本質上是同質的，而不是不斷演變形成的？

對於上述這些問題，馬克思回答的最不清楚的就是：什麼使階級，尤其是無產階級變成一個具有主體性的行動者。因此，研究者反而必須對此問題多加思考。

卡宏認為，馬克思很少從無產階級的內在性來推衍無產階級的角色，而著重從歷史對無產階級的要求來說明。歷史合理性（rationality）變成界定無產階級的重要基礎。無產階級必定會結合起來，成功地遂行階級鬥爭，進行革命，因為這是使人類歷史的合理性跨越資本主義社會局限向前邁進的唯一途徑（Calhoun, 1982:217）。馬克思指出，從外在客觀面來界定階級是不充分的，他認為無產階級的社會組織和經驗使它會成為潛在的具有主體性的行動者，而且對於共同利益的認知會使無產階級獲得聯合。不過，馬克思的承繼者，對於勞動者的社會存有所會產生的直接功能很少有信心，而轉而訴諸列寧主義黨的調適功能。事實上，馬克思認為，共同的利益將可使勞動階級聯合在一起，並且進一步「自為」的行動，根本不需要要求像列寧主義黨的介入。

是什麼使個人能集合起來從事一致的集體行動，對於這個問題，馬克思並沒有給予社會學的解釋。因為如果要進行社會學的分析，就必須考量成員的內在關係，但馬克思基本上相當強調外在環境對於集體從事一致性集體行動的促進作用（Calhoun, 1982:218）。馬克思認為，具有普遍意涵的歷史發展會界定無產階級所處環境的地位，從而使得無產者的階級意識體現了歷史進步的意涵，馬克思面對上述這個問題，「其弱點在於缺乏用社會學和社會心理學解釋，是一個階級假設中共同擁有的利益，而不只是集合起來的個別利益，作為集體行動的基礎」（Calhoun, 1982:219），客觀的環境被認為可使階級成為

一個具有主體性的行動者。這其中包含了某種簡單的因果解釋意涵，而且體現了相當基本的理性主義的看法。

卡宏認為，假如我們從財富、收入、消費水平等這些外在共同特性來認知階級的形成，事實上，我們將不能要求或預設集體的實體的存在，而只有個人。就算相同消費水平會使個人之間發展出某種特殊的生活方式，甚至互相承認對方的生活同質性，「然而，個別成員的行為和表現的類似性，並不意涵他們之間有任何相互關聯性。……有了社會的組織，集體行動，而不僅是類似的行動，才會變為可能」（Calhoun, 1982:220）。具有共同外在性質的個人集合如何跳躍成具有潛力去採取集體行動的階級，從馬克思以來一直得不到充分的社會學和歷史的分析，一般都停留在從馬克馬的經濟基礎和上層建築這種區分架構來進行詮釋的水平。

在另一方面，卡宏指出，如果要從「意識」出發去解釋集體行動，這其中所凸顯的從思想到行動的跳躍問題，並不下於從客觀條件到行動的跳躍這樣一個問題所引發的爭議（Calhoun, 1982:221）。馬克思認為，資本主義內在的發展傾向，會使階級衝突激化成生產手段的擁有者與非擁有者之間的對立。無產者必須與生產手段的擁有者進行鬥爭，這不只是單純的利益的衝突，而是為了生存的必要鬥爭，是一種有組織的競爭掌握社會、政治和經濟資源的鬥爭。不過，馬克思認為，「工人的外在環境不能被視為他們所追求的目標或採取的行動的充分解釋」（Calhoun, 1982:222），要了解工人的行動，就必須依賴相當複雜的「意識」概念，而對於這概念不能只從純反映論或純實證「科學的」角度來了解。

卡宏認為，馬克思基本上把階級意識看成是一種理性的現

象。列寧主義者就把階級意識看成是外在客觀環境的正確科學的理解，而且是階級鬥爭的先決條件；而其他非列寧主義者的有些人則傾向於認為，階級意識主要是階級鬥爭的結果（Calhoun, 1982:222-223）。這兩種觀點儘管有所不同，但都認為階級意識比先前存在的意識或其他非階級的意識，都來得激進。列寧主義堅持工人正確的、科學的階級意識必須由黨來灌輸，而馬克思則認為，「工人間的任何以及所有的集體行動有助於工人從自在階級轉變為自為階級的轉變」（Calhoun, 1982:223），馬克思顯然並沒有忽略工人的自主性。列寧以更實證主義的科學觀取代了馬克思的批判立場，以共產黨取代勞動階級成為革命行動的主體，勞動階級從馬克思思想中的革命主體的角色，轉而在列寧主義中變成配角的角色。

不過，卡宏認為，列寧的立場並沒有完全背離馬克思的思想。因為「列寧深化了馬克思對於有意識的自我覺醒的強調，從而凸顯以對經驗情境的『正確』了解為基礎，作出清楚而且理性選擇的重要性」（Calhoun, 1982:223）。在列寧主義這樣的詮釋下，階級利益是科學分析和物質環境運作下的客觀產物，而與人們的認同過程和心理喜好無涉。列寧主義發展了馬克思在處理階級與階級意識關係時客觀主義的這一面。

但是，馬克思在另一方面，則相當強調人的日常社會實踐行動的這一面。當然馬克思可以將這兩方面合併成一個整體。馬克思可以相信，社會生活的進步與意識的進步具有亦步亦趨的關係，而且透過實踐行動將物質現象納入人們的生活之中。人可以創造他們的歷史，但他們並不能隨心所欲的創造，所有行動只發生在歷史事件交錯情境中，而行動的內容也受到行動所處的歷史位置（location）（Calhoun, 1982:224-225），不過，

尼爾認為，評論者是絕對可以分別從主體主義和客觀主義的角度，各自凸顯馬克思在處理階級與階級意識關係時兩種不同的面向。

處理階級與階級意識關係的問題，一定會牽涉到集體行動如何可能的問題。卡宏認為，我們當然可以賦予集體行動的「自動」意涵，但是也不能忽略客觀結構條件的制約因素。當然，如果要更周延的思考上述這個問題時，就必須進一步探討文化傳統和社會結構關係所交錯而成的整體因素對於集體行動的影響，此外，就像所有社會行動一樣，集體行動是受其他行動者行為的制約的（例如要武力政變成功，必須要獲得警察和軍隊的支持和效忠），不過，「集體行動部分也要受制於內在的結構特性，亦即集體本身組織」（Calhoun, 1982:227）。探討階級行動將必須考量集體行動所會面對的上述這些問題。

卡宏認為，有共同利益的個人集團並不必然一定會為了他們的共同利益而從事行動，而且「大的人群集團只是潛在的集體行動者（latent collective actors），因為除了用集體好處之外，就很難用其他有選擇性的具體誘因來動員個別成員參與」（Calhoun, 1982:227）。馬克思認為，工人的共同利益使他們集體地成為潛在的革命階級行動者，這種看法基本上是對的，但是馬克思卻在以下這些論點上發生錯誤：(1)勞動階級將取代其他集體；(2)勞動階級成員的共同利益將成為成員的唯一的利益；(3)個人的合理性（rationality）與階級的合理性具有直接的關聯性：個別勞動者在認識到與別的勞動者具有共同利益後，將很理性的參與勞動階級所發動的推翻資本主義的理性集體行動（Calhoun, 1982:228-229）。卡宏認為，在先進的資本主義社會，階級關係的運作，沒有辦法使其勞動者在認同他們的階級

時，就會很理性的去追求他們的階級目標，而且，勞動者經常是以一些中間性的集體作為基礎而進一步結合在一起的（Calhoun, 1982:229）。

　　卡宏強調，馬克思就認為，工人參與工會以及相關的政治鬥爭，除了將直接使工人激進化外，而且將給他們進行革命所必要的經驗和組織。因此，就馬克思來看，工人階級是可以逐漸成熟的（maturation）。但是，列寧卻認為，勞動階級充其量只能發展出工會意識，並團結在工會組織下，與雇主鬥爭，進而壓迫政府通過必要的勞工立法。這樣一種工會主義（trade-unionism）基本上還是要讓工人受資產階級意識型態的奴役，工人並不能因此擺脫資本主義的束縛。因此，工人的「自發性」（spontaneous）意識並不會使工人發動革命去推翻資本主義，列寧由此推論工人階級需要一個以革命為職業，對工人階級而言具有先鋒隊角色的革命性政黨的領導，來為工人階級灌輸革命的階級意識（Calhoun, 1982:230）。換句話說，按照列寧的看法，勞動階級的自發直接的意識只是一種虛假意識，到頭來還是免不了受資產階級意識型態的制約，勞動階級真正的階級意識必須由職業革命家黨以歷史唯物論的典範作基礎，對社會狀況作分析後才能建構起來（Calhoun, 1982:231）。列寧這樣的看法，基本上與馬克思底下這樣的論點是相違背的，馬克思認為工人的社會存有則使他們邁向社會主義，工人的社會存有將使他們能提供向社會主義轉變的基礎。馬克思認為，無產階級的目標和具歷史性的行動是可以從其生活情境和整個資本主義社會的組織看出來的。在無產階級生活情境和整個資本主義社會組織的制約下，個別的無產者會有基本的社會和心理的認同感，他們會認為，除非捍衛階級意識中所揭櫫的基本前提，否

則他們就無法繼續存在下去（Calhoun, 1982:231-232）。無產者由於他們存在的強制性（existential compulsion）使他們別無選擇去追求社會革命，不過，對應於近代的歐洲歷史的發展，儘管工會力量和工人的集體行動都有所增強，但並沒有完全照馬克思的觀點發展，因此馬克思主義陣營分裂成三個集團。其中之一就是上述的列寧主義的看法，而另外則是：(1)左派共產主義者在避開黨的強勢控制的前提下，支持群眾行動的激烈化；(2)修正主義則支持改良主義的看法，企圖參與民主政治的運作，爭取無產階級的階級利益。前者認為無產階級的階級意識是具革命性的，而後者則認為無產階級的階級意識基本上是改良主義的，因此工人的利益和愛好是可以在工會和議會行動中去爭取的（Calhoun, 1982:230）。而工人階級基本上是很容易傾向於改良主義的，而其原因主要是因為由於工業化導致舊有工人社群不斷解體，而工人又不易產生替代性的形式組織，並且有可能在工業的生產方式中獲得物質利益和增加地位。

尼爾在其所編的《歷史與階級》（History & Class）一書的後記中認為，卡宏對於集體行動的論述，基本上也具有決定論的色彩，因為他強調，人們只能依照他們所處的既存的社會組織允許他們去行動。不過，尼爾認為，「社會組織不是自由漂動的，而是與生產方式聯繫在一起，並只有隨著在生產方式中的種種變遷而變化」（Neale, 1983:289）。如果只是凸顯社會組織對於集體行動的決定作用，這不只將否定人們生命的主動性，而且基本上會縮小社會組織之間的關係空間以及結構組織與意識之間的互動空間，這樣的結果，將會不給歷史留下任何空間。此外，更重要的是，階級意識的角色將很難獲得適當定位，階級意識與正式組織之間的關係也很難得到明確的澄清

（Neale, 1983:289-290）。

　　筆者認為，馬克思基本上透過人的社會存有來論述意識和階級意識的形成，研究者如果凸顯這個面向的話，很容易會掉入「決定論」之中或遭到「決定論」的批評，我們如果回到對馬克思整體思想的考察的話，或許我們可以說馬克思基本上是通過實踐（實踐可以有純個人的意涵、社會的意涵或政治的意涵），將存有與意識加以辯證的統合。不過，在使用辯證角度來論述時，也很容易掉入「互相制約」的簡單化的說明陷阱之中。而且，事實上，馬克思對於人的意識、社會團體和人的行動之間以及階級意識、階級組織和階級集體行動之間的互動關係並沒有加以澄清，這也就成為不少研究者企圖重建或批評馬克思思想的重點所在。尼爾本身相當重視馬克思早期「類存有」的概念，而且也注意到人類通過勞動來創造自己這樣的人的主體能動性的問題，在卡宏的觀點來看，人們可以分別從主體主義和客觀主義的層面來凸顯馬克思對於階級和階級意識處理的意涵，但卡宏卻強調不能忽略客觀結構條件的制約因素。不過，事實上，對於階級意識與階級之間關係的處理，應該必須從社會心理學的層面來加以論述。

第二節　盧卡奇的看法

　　對馬克思的階級理論作了一番反省之後，我們已知道，馬克思認為，社會分成數個階級是由生產過程中的定位來決定的，但馬克思並沒有認為，客觀的經濟情境可以充分的來說明階級的形成與發展，他還相當強調階級意識在階級形成發展中

的重要性。階級意識的意義是什麼？以及我們應該如何來了解階級意識，而且階級意識在階級鬥爭中的角色和功能如何？都是了解馬克思階級與階級衝突論相當重要的問題。盧卡奇（Georg Lukács）在《歷史與階級意識》（*History & Class Consciousness*）一書中強調，對於上述這兩種問題，可以進一步延伸成底下這些問題：

> 這個就導致進一步的問題：階級意識的問題是一種「一般性的」社會學問題，或者，意謂著無產階級的某種東西，還是意謂著迄今為止的其他階級所曾有過的另一種東西？而且，最後一點，階級意識在本質上和功能上是同質的嗎？或者我們可以區分其間的層次和等級？而假如是如此的話，那麼他們（按：不同的層次和等級）對於無產階級的階級鬥爭到底具有什麼實際的含意？（Lukács, 1971:46）

盧卡奇認為，階級意識事實上就是包含了對於生產過程中某種特別具有代表性的地位的適當而且合理的反應，我們絕不能只是單純的把階級意識看成是個人思想感受的總和或平均數：

> 所以，這個意識既不是組成階級的單個個人思想或感受的總和也不是其平均數。（Lukács, 1971:51）

階級意識是決定整個階級的具有歷史意涵的行動的最終極因素，個人的思想並不能影響階級的行動，而且階級的行動惟有透過這種階級意識來了解。不過，盧卡奇認為，要了解階級意識就必須發現階級意識的實踐性與歷史性的功能，一個階級

是否能夠具有主導權與階級意識的形成與運作直接關聯起來：

> 一個階級能成熟，具有支配權，這是意謂著它的利益
> 和意識使它能夠依其利益去組織整個社會。（Lukács,
> 1971:52）

階級能夠擁有上述這種能力以及階級意識，對於其從事階級鬥爭相當重要，但這並不表示有了階級意識不須使用暴力，就能使階級的利益獲得優勢，並且保證會自動獲得勝利。權力的轉移經常是只有通過最無情的武力的使用才能完成，不過，當武力使用變得不可避免，而且當階級深陷在生死鬥爭之中時，階級意識就會成為決定性的問題，發揮決定性的影響力。盧卡奇認為，雖然階級意識對於階級鬥爭具有巨大的重要性，但我們不能由此推論所有成熟的擁有支配權的階級都會有具有相同內在結構的階級意識。我們對於階級意識的了解，絕不能單純的把它當作一套知識來看待，或者把它與個人的思想關聯起來，一個階級的命運繫於它面對歷史時說明和解決問題的能力，亦即一個階級的命運繫於它對為了獲得與組織權力所必須採取的行動自覺的程度。盧卡奇認為，資產階級和無產階級是資本主義社會中唯一的純粹階級，因為它們的存在和發展完全依賴資本主義社會的生產體系的運作，而其他階級，如小資產階級或農人給人的觀瞻是曖昧不清的，因為這些階級的存在不是以其在資本主義生產過程的角色為基礎，而是與封建社會的餘緒與不可分離的連結關係。作為過渡性階級的小資產階級，「它將會將自己想像成『所有的階級對立之上』」（Lukács, 1971:59），但事實上小資產階級很難在資本主義社會中找到著力點，而且它不可能不受到資產階級和無產階級之間階級衝突

的影響。

馬克思在《路易・波拿巴的霧月18日》中，曾以19世紀法國的農民為例進行說明。他認為，雖然客觀的經濟條件使農民成為一個自在階級，但由於農民之間只有地域性的聯繫，不能形成具全國意涵的政治組織，所以農民事實上仍不能成為自為階級：

> 小農人數眾多，他們的生活條件相同，但是彼此間並沒有發生多式多樣的關係。他們的生產方式不是使他們互相交往，而是使他們互相隔離。這種隔離狀態由於法國的交通不便和農民的貧困而更為加強了。他們進行生產的地盤，即小塊土地，不容許在耕作時進行任何分工，應用任何科學，因而也就沒有任何多種多樣的發展，沒有任何不同的才能，沒有任何豐富的社會關係。每一個農戶差不多都是自給自足的，都是直接生產自己的大部分消費品，因而他們取得生活資料多半是靠與自然交換，而不是靠與社會交往。一小塊土地，一個農民和一個家庭；旁邊是另一小塊土地，另一個農民和另一個家庭。一批這樣的單位就形成一個村子；一批這樣的村子就形成一個省。這樣，法國國民的廣大群眾，便是由一些同名數相加形成的，好像一袋馬鈴薯是由袋中的每一個馬鈴薯所集成的那樣。既然數百萬家庭的經濟條件使他們的生活方式、利益和教育程度與其他階級的生活方式、利益和教育程度各不相同並互相敵對，所以他們就形成一個階級。由於各個小農彼此間只存在有地域的聯繫，由於他們利益的同一性並不使他們彼此間形成任何的共同關係，形成任何的全國性的聯繫，

形成任何一種政治組織，所以他們就沒有形成一個階級。因此，他們不能以自己的名義來保護自己的階級利益，無論是通過議會或通過國民公會。他們不能代表自己，一定要別人來代表他們。（馬克思、恩格斯，1961:217）

盧卡奇認為，馬克思強調農民與整個社會的疏離，影響了農民組合的內在結構以及形成自為階級的潛在可能性，而且，從這個角度來看，我們事實上根本不能認為農民具有階級意識。

馬克思在《路易·波拿巴的霧月18日》中，曾認為19世紀法國小資產階級曾企圖建立民主共和制的國家機器，作為資本和僱傭勞動兩者間的仲裁工具，同時，馬克思也指出，法國的小資產階級本身認為可以超越階級對抗之上，扮演中介仲裁者的角色。就因為如此，小資產階級就將自身變成理想化的存在，甚至受制於階級中立和國家中立這些意識型態的制約：

社會民主派（按：法國的小資產階級）的特殊性質表現在它要求民主共和制度並不是為了消滅兩極——資本和僱傭勞動，而是為了緩和資本和僱傭勞動間的對抗並使之變得協調起來。（馬克思、恩格斯，1961:152）

但是，民主黨人代表小資產階級，即代表兩個階級的利益同時剝削的那個過渡階級，所以他認為自己完全是站在階級對抗之上。民主黨人認為，他們對立的是一個特權階級，但他們和全國所有其他階層一起構成了人民，他們所維護的都是人民的權利；他們所關心的都是人民的利益。因此，他們沒有必要在臨近鬥爭時考察各個不同階級

的利益和狀況。他們不必過分仔細地估量他們自己的力量。他們只要發出一個信號，人民就會用它的無窮無盡的力量衝向壓迫者。（馬克思、恩格斯，1961:155）

小資產階級活在啓蒙以來有關國家的意識型態的籠罩之下，馬克思認爲，他們根本不了解在資本的統治下，僱傭勞動者已經具有同等的經濟地位和共同的利害關係，所以，這批人對資本家說來已經形成一個階級，但還不是自爲階級，不過，隨著其與資本家的鬥爭的發展，僱傭工人逐漸團結起來，形成一個自爲階級，工人階級已經成爲資本主義社會的革命階級，其將在發展過程中創造一個消除階級和階級對立的聯合體系來代替舊的資產階級社會。盧卡奇認爲，小資產階級活在自己所設想的抽象存在中，事實上也是與整個社會相疏離的，他們很難爲自己尋求一個適當的客觀社會地位，而這也會影響小資產階級組合的內在結構以及形成自爲階級的潛在可能性。盧卡奇認爲，階級意識在無產階級階級鬥爭中的功能一直都被庸俗的馬克思主義所忽略。資產階級本身擁有的知識、組織和許多其他的優勢，而無產階級面對這種優勢，必須通過了解它的客觀社會地位以及眞正利益所在，採取集體的行動以改變現實：

在無產階級的階級意識中，理論與實踐獲得整合，而它就能有意識的在歷史領域中展現它的行動的力量——而這是最決定性的因素。（Lukács, 1971:69）

當無產階級了解它與資產階級互動所延伸出來的社會位置，以及了解其歷史任務，形成階級意識時，階級意識將會決定無產階級的每一個行動：

換言之，當最後階段的資本主義危機不斷發展時，革命的命運（從而是人類的命運）將端賴無產階級的意識型態的成熟，亦即端賴它的階級意識的成熟。（Lukács, 1971:70）

盧卡奇認為，無產階級的階級意識和階級狀況之間的關係事實上非常單純，但阻礙無產階級階級意識能夠體現在實際中的障礙卻是相當大。首先，由於資本主義物化的關係，使得資本主義社會分裂出互為獨立的客體和力量，這使無產階級在很長時間一直認為可以在經濟領域從事鬥爭，而不必訴諸政治鬥爭來改變現狀，事實上經濟鬥爭和政治鬥爭是分不開的：

　　馬克思不斷闡述這種分裂的謬誤，而且說明，每一個經濟鬥爭都有可能發展成為一個政治鬥爭（而且反之亦然）。（Lukács, 1971:71）

無產階級階級意識的形成發展必須跨越無產階級的立即直接的利益與它的長期目標之間，以及個別因素和整體之間的矛盾。

　　只有當立即直接的利益被整合在一個整體觀點中，而且與整個過程的最終目標關聯起來，他們才會變成是革命的，而且自覺的很具體的跨越資本主義社會的限制。（Lukács, 1971:71）

但是，盧卡奇認為，無產階級革命的勝利，並不像先前的所有階級那樣，在奪得統治權力後就企圖千方百計地鞏固自己的統治地位，無產階級奪得統治地位，是為了要消滅自己以及

所有階級，無產階級的發展必須經過內在的辯證過程。馬克思在《共產黨宣言》中就很明顯的指出：

> 先前所有一切階級奪得統治權之後，總是力求把已經獲得的生活地位鞏固起來，使全社會都服從於保證它們那種占有方式的條件。無產者卻只有消滅自己現時的占有方式，亦即消滅迄今存在的全部占有方式，才能奪得社會生產力。（中華民國國際關係研究所、政大東亞研究所，1969a:38-39）

無產階級階級鬥爭的基本原則是必須跨越一些立即直接的利益，才能讓無產階級形成階級意識。階級的自我利益和社會利益之間，個別行為與社會影響力之間的對立，會成為階級形成階級意識的外在限制，盧卡奇認為，無產階級如果不能跨越一些立即直接利益的陷阱，將無法導致革命的勝利：

> 在此，我們發現在無產階級階級意識的核心中，有暫時性利益和終極目標的對立。只有這種內在的對立被克服，無產階級才能獲得看得見的勝利。（Lukács, 1971:73）

無產階級的階級意識並不是其個別成員的心理意識，也不是整個無產階級的群眾性的心理意識，而是自覺到自己的歷史角色。每個暫時性的利益到底有害或有利於無產階級的最終極的目標，必須視其與無產階級的階級意識是否一致，而不是依賴無產階級在一些孤立的衝突中獲勝或失敗來決定。盧卡奇認為，馬克思早就注意到無產階級所組成的工聯，經常只是針對現存制度所產生的結果，進行游擊式的鬥爭以爭取暫時性的利益，但卻經常遭到失敗，因為他們並沒有力求改變資本主義制

度，不運用有組織的力量作為槓桿來最終解放無產階級，亦即最終消滅僱傭勞動制度。

馬克思在〈工資、價格和利潤〉中就指出，工人為工資水平進行的鬥爭，事實上是同整個僱傭勞動制度有密切的聯繫，但是工人為提高工資的努力，在一百回合中有九十九回合都只是力求維持勞動的既有價值，工人往往不了解「工人為勞動價格而與資本家鬥爭的必要性，是根源於工人所處的被迫把自己當作商品出賣的地位」（馬克思、恩格斯，1961:168）。

而且，馬克思強調，即使我們把工人所處的那種和僱傭勞動制度相連的受剝削的地位不談，工人階級也絕不應誇大日常鬥爭的最終結果，工人必須通過消滅僱傭勞動制度，才能解放自己：

> 它（按：指無產階級）不應當忘記：它在這種日常鬥爭中只是在反對結果，而不是在反對產生這種結果的原因；⋯⋯；只是在用止痛劑，而不是在除病根。所以工人不應當只局限於這些由於資本的永不停止的進攻或市場的各種變動而必然經常出現的游擊式的搏鬥。他們應當懂得：現代制度除了帶來一切貧困外，同時還造成對社會進行經濟改造所必需的種種物質條件和社會形式。工人應當摒棄「做一天公平的工作，得一天公平的工資！」這種保守的格言，而要在自己的旗幟上寫上革命的口號：「消滅僱傭勞動制度！」（馬克思、恩格斯，1961:169）

如果無產者只看到結果，而不願去追究、反對造成結果的原因；或者只看到事情的部分而不能看到事情的整體的話，盧卡奇認為，無產者就會形成機會主義的心態，而這種心態往往

會被視爲無產階級的階級意識，「總而言之，機會主義誤將無產者實際的心理意識狀態當作是無產階級的階級意識」（Lukács, 1971:74）。盧卡奇認爲，說階級意識與無產者的心理意識無涉，那並不是說它僅僅是一種虛構，它的實在之處在於它能解釋無產階級革命的痛苦路途。無產階級變成一個階級，不只是因爲其與資本相對抗，而更是作爲一個自爲階級而存在，無產階級的階級鬥爭會從自發性的經濟鬥爭上升到自覺性鬥爭 —— 這是一種有自覺性的目標以及有效的階級意識的層次，一直到這種層次，無產階級才算眞正了解其階級處境，並且形成眞正的階級意識，換句話說，這個時候，無產階級才算是有意識型態的成熟性，而在這之前無產階級必須歷經許多的苦難：

> 作爲資本主義產物的無產階級必然要屈服於它的創造者的存在方式。這種存在方式是非人道而且是物化的。無疑的，無產階級的存在意謂著對這種生命形成的否定和批判。但是直到資本主義的客觀危機已經成熟，而且直到無產階級已經有了眞正的階級意識以及充分了解整個危機的能力，否則無產階級將無法超越對物化的批判層次，而且也只能消極的自認爲優於它的對手。（Lukács, 1971:76）

了解階級意識，絕不能從個人心理意識運作的角度切入，盧卡奇強調，青年馬克思的哲學性的努力，就著重在發現意識在歷史中角色的正確觀點，就青年馬克思看來，必須從歷史發展的過程來理解階級意識的意義。

> 早在1843年的通信（與盧格）中，他（按：馬克思）

就把意識看成是內在於歷史之中，意識並不是置身於真正的歷史過程之外。（Lukács, 1971:77）

馬克思在《哲學的貧困》中指出，當無產階級尚未成為一個自為階級，亦即無產階級尚未能對資產階級進行政治性階級鬥爭之前，所有社會主義和共產主義的理論，都不是無產階級的階級意識的呈現，而只有當無產階級成為自為階級，以及整個生產力發展到足以讓人看到解放無產階級的物質條件時，社會主義或共產主義的理論，才是無產階級的階級意識的呈現；此時，無產階級的階級意識可以標示出無產階級的革命的歷史角色：

正如經濟學家是資產階級的學術代表一樣，社會主義者和共產主義者是無產者階級的理論家。在無產階級尚未發展到足以確立為一個階級（按：自為階級），因而無產階級同資產階級的鬥爭尚未帶政治性以前，在生產力在資產階級本身的懷抱裡尚未發展到足以使人看到解放無產階級和建立新社會必備的物質條件之前，這些理論家不過是一些空想主義者，他們為了滿足被壓迫階級的需求，想出各種各樣的體系並且力求探尋一種革新的科學。但是隨著歷史的演進以及無產階級鬥爭的日益明顯，他們在自己頭腦裡找尋科學真理的做法便成為多餘的了；他們只要注意眼前發生的事情，並且有意識地把這些事情表達出來就行了。當他們還在探尋科學和只是創立體系的時候，當他們的鬥爭才開始的時候，他們認為貧困不過是貧困，他們看不出它能夠推翻舊社會的革命的破壞的一面。但是一旦看到這一面，這個由歷史運動產生並且充分自覺地參與歷史

運動的科學就不再是空論，而是革命的科學了。（馬克思、恩格斯，1958:157-158）

當無產階級尚未發展成為自為階級時，盧卡奇認為，會使得社會主義和共產主義理論家無法去呈現無產階級的階級意識而成為空想主義者。無產階級剛開始的階級鬥爭是經濟性的鬥爭，不過通過經濟鬥爭，會將無產階級提升到有階級意識的鬥爭水平，而無產階級並不是透過政治鬥爭推翻資產階級的政權，就算完成其歷史任務，無產階級必須通過消滅資產階級和自己本身在內，才算體現其歷史角色：

> 無產階級只有藉著消滅和超越自己來完成其自身，亦即透過成功的總結它自己的階級鬥爭創造無階級的社會來完善自己。無產階級為這樣社會的鬥爭，其中無產階級專政只是一個階段，它不是一種對資產階級這個外在敵人進行的鬥爭。（Lukács, 1971:80）

無產階級在消滅資產階級之後，必須通過消滅自己才能真正確立其在歷史中的地位，這是無產階級形成發展的辯證過程。

第三節　對階級意識的心理學思考

儘管，有些研究者認為，馬克思從歷史合理性角度來詮釋階級意識，認為階級意識的形成事實上就是階級對於自己歷史地位和角色的理解，因此基本上並不是指階級個別成員的心理

意識以及整個階級的群體心理意識。但馬克思對於階級成員的階級認同，以及階級的政經心理傾向的論述確實相當少，而且相當不夠。仙特斯（R. Centers）在其《社會階級的心理學》（*The Psychology of Social Classes*）一書中認爲，事實上，與生產手段和財貨勞務交換相關聯的個人的角色和地位，會使他具有作爲某種社會階級的成員意識，亦即他會與其他同樣認爲屬於同一階級的成員具有共同的態度、價值和利益認知（Centers, 1949:207）。

職業的階層會影響人的政經傾向和階級加盟取向。在職業階層頂端和低層的人對於政經關係的程序的態度就經常會有維護現狀和改變現狀的不同。而事實上，職業的分層也會影響到政治行爲。此外，職業階層的高低對於階級認同也有所不同，屬於職業階層頂端者較認同於上層階級和中間階級，而屬於職業階層底層者則比較會自認爲屬於勞工和無權力階級。事實上，仙特斯認爲，我們要了解階級與階級意識，就必須了解包括職業階層、經濟階層、權力階層的運作。

依照仙特斯的看法，階層是任何有組織的社會團體的永久的特徵。仙特斯基本上採取索羅金（P. Sorolcin）對於階層劃分的看法，將階層分爲職業階層、經濟階層和權力階層，這三種階層事實上是相互關聯在一起的，只有在方法論分析層面上才可以將加以之劃分（Centers, 1949:13-14）。

何謂經濟階層，依照仙特斯的看法：

　　經濟階層在一般的意義中是被用來主要指涉在一個社群中財富和收入身分的分級，經濟階層不只指涉財富和收入的總和，而且還指涉收入或它的來源的本質，例如利

率、利潤、租金、薪水和工資等。此外，它也指涉生活水準或個人經濟消費的水平。（Centers, 1949:14）

至於政治階層，仙特斯依照索羅金的看法認為，如果一個社群按照人的權威、聲望、聲譽和職銜而呈現等級森嚴的現象時，那麼我們就可以說，這個社會是有政治分層的存在（Centers, 1949:14）。另外，仙特斯認為，假如社會的成員分化成不同的職業集團，而且其中某些集團被認為比較有聲譽，而且假如職業集團的成員內部有伙計老闆之分，那麼就存在職業分層。事實上，職業分層也與技術、責任、工作的複雜性有密切的關聯性（Centers, 1949:14）。

事實上，年齡、性別、能力和天賦經常也被用來作為劃分人群屬於不同範疇的標準。而職業通常是被認為是最可以令人滿意的指標。人在謀生的過程中，就必須要實現某些功能，具有身分和角色，說得更詳細點，它就會擁有某種職業、權力、收入、生活水準、教育、知識等，而這些都會決定他屬於什麼階層；因此，仙斯特認為，階層是客觀的，它是由社會中客觀的政經形勢所決定，不過我們不能將階層視為階級，「但是這些階層，就如有些人已經看到的，並不必然是階級」（Centers, 1949:27），相對於階層是一種客觀的社會現象，我們要了解階級必須兼顧主觀的層面來加以認知：

> 階層是心理─社會的組合，其特性在本質上是主觀的，必須建立在階級意識上（亦即，屬於同一集團成員的感覺），……階級就其與階層的區分而言，這個詞在充分意義上是一種心理學的現象。（Centers, 1949:27）

亦即，就仙特斯而言，一個人的階級是他的「自我」，人屬於一個階級必須他對於這個階級有歸屬感及認同感。不過，與社會經濟過程有關的人的身分和角色，會給人某些與他在政治和經濟領域中的角色和身分相關的態度、價值和利益。說得更深一點，與生產手段和財貨勞務交換相關聯的個人角色和身分會使人產生屬於某些社會階級成員的意識，並且擁有共同的態度、價值和利益（Centers, 1949:28-29）。

對於馬克思階級及階級衝突理論的論述，基本上可以說分成客觀主義（objectivism）和主觀主義（subjectivism）兩條途徑，前者傾向於從一些客觀的指標或標準，如收入、職業或其他生產手段的擁有與否來說明階級，而主觀主義則強調對於共同利益的了解以及同類意識才是階級形成的基本因素，這兩種途徑迄今都沒有得到普遍的接受。仙特斯認為，客觀主義相對於馬克思的著作來講，並沒有符合馬克思對於階級意識論述的意涵；而主觀主義相對於馬克思的著作，也很明顯的並沒有符合，馬克思也有從客觀的標準去界定了解階級（Centers, 1949:23-24）。事實上，所謂主觀主義和客觀主義的分別，這只有在方法論分析層面存在，在現實世界中，這兩種途徑必須相互為用才能真正掌握階級。仙特斯強調階級意識在階級（自為階級）形成過程中的重要性，是企圖調和上述的主觀主義和客觀主義，他從實證的途徑對於社會階級的階級意識的說明，基本上可以提供我們了解、分析和批評馬克思的階級和階級衝突理論的一個新的思考途徑。雖然有研究者認為不能從社會心理學的角度來了解馬克思的階級意識，但仙特斯的嘗試畢竟提供了一個新的視野。

第四章

有關馬克思社會衝突論中
階級與黨之間關係的爭論與批評

第一節　黨是階級的先鋒隊還是工具？

按照馬克思的看法，資產階級由於掌握生產資料、生產手段、產品的所有權和控制權，於是成爲統治階級，並掌握國家和武力，來維繫其宰制地位、權力以及種種特權，面對這種形勢，無產階級如何能夠推翻資產階級，並建立一個新社會秩序呢？馬克思認爲，資產階級是必定會被推翻的，因爲資本主義運作的矛盾，本身就會爲無產階級推翻資產階級營造出一個客觀的社會條件，不過，無產階級要推翻資產階級也必須組成政治組織。而在此，一個引起爭議的問題就產生了：到底政治組織是不是無產階級自發性的產物。而這個問題事實上也就是馬克思如何看待階級和黨之間的關係。

面對這個問題，如果先是以「辯證」概念，將階級和黨看成是互相滲透互相制約的辯證關係，這種解釋方式是不會讓人滿意的。上述這個問題在馬克思主義發展過程中一直是爭論不休的問題，而在二十世紀以來的共產主義和社會主義運動過程中，也一直處在風暴核心之中。因此，米立班在其《馬克思主義與政治學》（*Marxism & Politics*）中認爲，必須對這個問題進行進一步的澄清與反省。

米立班認爲，馬克思對於把勞動階級當作歷史的主體這個立場，前後是相當一致的。馬克思強調勞動階級是通過自己來組織自己成爲政治組織的，儘管在不同國家可以按照各自不同的環境而表現出不同的組織形式。勞動階級所組成的政黨既不是宗教，也不是一批「專業的搞陰謀的人」（professional conspirators）（Miliband, 1977:119）。馬克思所關心的不是政黨的形式，而是勞動階級不斷發展出來的階級意識以及要求自我解放的鬥爭，政黨只是勞動階級的政治表現和工具而已。勞動階級自己可以完成自己的政治角色，政黨只不過是幫助它完成而已。換句話說，馬克思相信勞動階級有能力達成自我解放，勞動階級是共產革命的主體。勞動階級的解放事業只好靠自己來完成，不能也不須靠其他人或團體來包辦（Miliband, 1977:120）。

反省馬克思上述看法，其中問題並不在於對或錯的問題，而是牽涉到民眾力量到底是能直接逐行或只是能間接的行使，以及社會主義民主之意涵的問題（Miliband, 1977:120）。而事實上，20世紀初的德國社會民主黨以及其他歐洲的社會民主黨，都成為群眾的黨。而這些黨都是在資本主義社會的體制架構中運作，而且產生權力集中在宣稱作為勞動階級的代表和代言人並擁有特權位置的領導人手中的現象（Miliband, 1977:121-122）。列寧認為勞動階級具有被動性，而且其鬥爭會喪失政治的效率和革命的目標，因此，勞動階級必須接受黨的領導和引導，才能成為訓練有素的戰鬥體。這樣的黨必須具有高度權力集中的指揮結構，而其成員必須是專業革命家。不過，必須特別強調的是，在列寧的著作中，並沒有忽視黨與勞動階級有機聯繫的必要性，但是，列寧當然始終如一的重視黨在革命過程中的絕對重要性。儘管列寧並不相信黨是可以永遠不犯錯的，不過，他更不相信，沒有結構嚴密的黨組織，勞動階級可以逐行真正的革命行動。列寧認為，階級是要接受政黨領導的，而政黨總是由最有權威、影響力最大、最有經驗的領導者來主導（Miliband, 1977:122-123）。米立班指出，在1904年，也就是孟

什維克派（Mensheviks）和布爾什維克（Bolsheviks）在1903年分裂，而列寧出版《進一步退兩步》後，托洛斯基出版《我們的政治工作》（*Our Political Tasks*）就對列寧的集中主義提出警告，認為列寧的組黨方法，將產生替代主義（substitutism）的危險，黨的組織首先取代整個黨，黨的中央委員會取代黨組織，而最後則是單一的獨裁者取代中央委員會。托洛斯基就像孟什維克派一樣，希望黨是一個有廣泛基礎的黨，亦即希望黨能夠把基礎奠立在無產階級之上，而不是高層的領導者身上（Miliband, 1977:124）。在同一年，羅莎·盧森堡（Rosa Luxemburg）出版《社會民主黨的組織問題》（*Organizational Question of Social Democracy*），也批評列寧的集中主義，她認為，社會民主黨的集中主義絕不能建立在黨的成員對黨領導中心的盲目和機械性的服從之上（Miliband, 1977:125）。

上述這些爭論事實上牽涉到與階級相關聯的馬克思主義政治學本質的問題。而米立班認為，其中第一個問題就是黨的代表性問題。羅莎·盧森堡對列寧集中主義的批評，事實上就集中在黨在與勞動階級的互動關係中，角色如何定位的問題。列寧不相信沒有黨的領導，勞動階級可以遂行真正的革命運動，而羅莎·盧森堡則擔心，若讓黨完全領導操縱勞動階級，將抹殺勞動階級的創造性和戰鬥性。不過，兩者事實上都相信，黨和勞動階級是可以組成有機、和諧的統一體，黨可以作為勞動階級意識的體現（Miliband, 1977:126）。米立班指出，任何一種有代表制存在的組織事實上都會存在「替代主義」的現象，當然替代程度的大小會使組織表現出不同的體質，而認為黨與階級之間可以形成有機和諧的代表與被代表的關係，這似乎或多或少都帶有政治訓誨的意涵。因為階級並不是同質的實體，

宣稱黨可以體現階級的統一，這是一種相當含糊的觀念（Miliband, 1977:126-127）。把黨看成是勞動階級很自然的政治機關，基本上是很不切實際的。

　　米立班指出，在《共產黨宣言》中。馬克思就處理無產階級與共產黨之間關係的問題，馬克思強調：

　　1.在各國無產者的鬥爭中共產黨重視堅持整個無產階級不分民族的共同利益。
　　2.共產黨代表著無產階級整個革命運動的利益。
　　3.在實踐方面，共產黨是各國勞動階級政黨中最堅決的、最前進的。
　　4.在理論方面，共產黨比無產階級群眾更清楚了解無產階級運動的條件、進程及最終的結果。

　　儘管馬克思在此並沒有處理黨的組織形式的問題，但事實上也涉及了無產階級需要先鋒隊（vanguard）的問題，而從無產階級需要先鋒隊到需要一個先鋒隊的黨是相當短的步伐。但是當形成先鋒隊黨這個觀念，而且付諸實踐時，就會形成只能有一個勞動階級黨的認知（Miliband, 1977:128）。這種情形在俄國共產革命運動過程中整個表現出來。但是，在西方資本主義國家中，勞動階級的運動並沒有形成單一政黨的現象，多於一個黨的存在，事實上是勞動階級運動的自然表現，而這是相當符合馬克思的政黨觀的，在「多於一個黨」與「只能有一個黨」之間一直都有矛盾存在，主張後者的人會認為前者或許可以產生更大的代表性，但相對的卻會缺乏效率（Miliband, 1977:129-130）。

　　米立班認為，不管「多於一個黨」的情境會導致更低的效

率與否，事實上它都解決不了「替代主義」這個問題，因為：
(1)不管有兩個或更多黨宣稱代表勞動階級，其決策還是屬於領導者而不屬於整體的黨；(2)多黨的情境可能更強化領導者的政治領導地位，因為領導者需要權力從事與同盟之間的談判。此外，值得注意的是，就算在最好的環境中，革命都不是由多數人而是由少數人製造出來的，所以，無論如何，存在著「替代主義」的某些因素是不可避免的，而如果硬要拒絕這些因素，反而會導致失敗和災難。「換言之，革命不只必定會包含某種『替代主義』因素，而且實際上革命就需要它。」（Miliband, 1977:131）

上面這些討論並不是認為，勞動階級只能藉著黨才能很政治性地表現自己。米立班強調，「雖然黨是它（按：勞動階級）表現自己的最重要手段，但是，還有其他形式的勞動階級的組織也可以與政治問題與鬥爭直接關聯在一起」（Miliband, 1977:131），例如工會或其他會議形式的組織。馬克思就相當關心工會在勞動階級運動中的角色，他認為工會一方面是勞動者反對資本家鬥爭下的自然而且不可或缺的產物，而另一方面則會成為勞動者對資本家從事政治鬥爭的工具（Miliband, 1977:131）。不過，馬克思也指出，工會基本上尚未能充分了解他們作為反對工資奴隸系統本身的力量。當然，馬克思並沒有因此將工會視為只具有次要角色的組織，它一直都將工會也視為政治組織。我們不能因此認為，在馬克思思想中，存在著任何種類的「工會組織主義」的傾向，而必須再度注意到，馬克思對於勞動階級本身要求自我解放角色的重視（Miliband, 1977:132）。

米立班指出，在列寧手中，對工會有相當明顯的貶抑的評

價。列寧在《怎麼辦？》中強調，勞動階級只能發展出工會意識，關心勞動階級的工資、工時和工作條件的改進，這些要求當然具有政治意涵，但卻缺乏革命性的政治意涵，因此，勞動階級必須超越工會意識，而其運動則更需要革命性的政黨，工會雖然很重要，但絕對不像黨那麼重要。而黨的一個重要工作是與工會中的工會意識以及領袖和「勞工貴族政治」（labour aristocracy）戰鬥（Miliband, 1977:133）。列寧在其他著作中指出，工會的形成對於勞動階級而言無疑的是往前邁進一大步，可是當無產階級最高形式的組織——革命性政黨形成時，工會就無可避免的要顯露某種反動的、器量狹小的、毫無生氣的特性。無產階級一定要通過工會才能發展，但是工會對於無產階級而言是絕對不夠的，這種不充分性必須通過黨來糾正（Miliband, 1977:134）。

事實上，黨和階級之間如何互動的問題，也牽涉到群眾力量如何表現的問題。但是米立班認為，馬克思處理群眾力量的主要著作《法蘭西內戰》（*The Civil War in France*）卻沒有處理到勞動階級和黨之間的關係問題，不過，馬克思在此著作中指出，巴黎公社很明顯的因為缺乏適當的組織和領導而受到損害。公社的群眾力量這個問題在巴黎公社之後，並沒有在馬克思主義思潮演變中受到重視，一直到1905年的俄國革命出現「蘇維埃」的組織，才引起馬克思主義的注意（Miliband, 1977:135-136）。不過，布爾什維克基本上對1905年的蘇維埃充滿疑慮而且採取敵視的態度，因為，布爾什維克強調黨在革命運動中的領導的中心角色，而群眾運動和力量的出現，黨是無法輕易的加以控制和領導的。不過，列寧倒是並不敵視蘇維埃，他認為並不是要在蘇維埃或黨之間作個選擇，而是要知道

怎麼區分以及整合兩者的力量。在十月革命前幾個月所出版的《國家與革命》中，列寧處理蘇維埃的問題，但是他並沒有辦法回答蘇維埃和黨的關係的問題。列寧在此著作中，相當讚美蘇維埃組織所表現的群眾革命力量，蘇維埃是完全新形式的國家機器，比先前各種形式更為民主，但是他認為，蘇維埃必須接受無產者的控制。在此著作中，列寧僅僅短短的提到黨，不過，很明顯，列寧還是傾向於主張用先鋒隊去領導群眾（Miliband, 1977:137-138）。列寧在此時對革命抱持著極端的樂觀心態，而且受群眾運動進步的鼓舞，基本上就忽略掉上述「如何區分以及整合黨與蘇維埃二者關係」的問題（Miliband, 1977:138）。

《國家與革命》相當重視無產階級專政的問題。米立班指出，這個問題馬克思在《哥達綱領批判》中有涉及到，但馬克思卻沒有很詳細的界定。馬克思認為，在資本主義社會與共產主義社會之間，橫著一個政治過渡時期，而這個時期的國家則只能是無產階級的革命專政。列寧認為，按照《哥達綱領批判》，擊碎既存國家，並以不同形式的制度取代，是勞動階級真正革命運動和黨的首要以及絕對基本的工作，而所謂的不同形式的制度就是蘇維埃。「無疑的，列寧相信，蘇維埃制度，只要一運作，將表示最民主和最受歡迎的政治系統可以在一個充分社會主義社會到來之前就獲得體現。」（Miliband, 1977:140）就在列寧寫好這本書的幾星期後，布黨取得政權，蘇維埃制度繼續遍布整個蘇聯。列寧認為他已經開創了一個在《國家與革命》中所勾劃的最民主和最受歡迎的政權（Miliband, 1977:140-141）。不過，到了1919年，列寧的看法有所改變，認為勞動階級的專政，必須通過布黨才能獲得體現，

而其結果當然就是一黨專政，因為布黨本身在革命過程中贏得整個無產階級先鋒隊的地位，如此一來，在革命後，根本就不存在與任何其他集團或黨派聯盟合作的可能性（Miliband, 1977:141-142）。

　　強調一黨專政會導致布黨專無產階級以及所有其他階級政的現象，因為布黨控制了國家權力。但是，米立班認為，權力的快速集中很快的影響黨本身的體質，「替代主義」的權力壟斷的現象於焉出現，不過，在革命後的前幾年，黨內的爭論相當激烈，其中尤其是民主集中制和工會在新的蘇維埃國家中的角色的問題更成為爭論的焦點（Miliband, 1977:142），而爭論的結果反而導致列寧更加強調黨的統一的重要性。不少人從1917年十月革命一直到1923年列寧掌權的這幾年形勢的發展推論，列寧主義事實上早已為史達林主義鋪好了路，史達林主義事實上只是列寧主義很自然的繼承者。米立班指出，如果從列寧逐漸轉向強調黨的權力集中的重要性看來，從列寧主義到史達林主義當然具有連續性。「但是，史達林主義卻有一些列寧主義所缺乏的特性和面向。」（Miliband, 1977:144）

　　首先，史達林建立一個由他個人握有絕對權力的政權，而且史達林以這種權力幾乎使蘇聯政權所有等級的公務員和民眾都受到蹂躪。其壓制層面之廣遠超出列寧主義者的想像之外，其次，史達林主義要求群眾必須很積極熱中的接納「由上至下」所傳達下來的路線、政策、立場和態度。於是在文學、音樂、外交政策、五年經建計畫，甚至馬列主義和俄國革命史的詮釋中，一致性（conformity）被認為是最重要的，而任何反對形跡都會被無情的加以剷除（Miliband, 1977:144-145）。史達林主義把這種一致性的要求從國內拓展到世界共產主義運動，其結

果就是要求「全世界的每個共產黨都史達林化，而且要每一個共產黨把保衛蘇聯當成是神聖的責任」（Miliband, 1977:146）。至於所謂保衛蘇聯則被史達林主義轉變為維護蘇聯的內政和外交政策，如果違背這種要求和路線，就要被視為叛徒。

米立班指出，史達林主義的另一項特徵是通過對黨的神化，進而展開對黨的最高領袖的個人崇拜（cult of personality），其結果就導致在共產黨外部根本無法出現有效行動，而在共產黨內部，形成由上至下的完整控制的現象。在史達林主義統治的時候，史達林使得世界共產主義運動變成是宗教性的運動：「『馬列主義』成為這個宗教的教義，『辯證唯物論』是這個宗教的祕法，『黨』是這個宗教的教堂，而史達林則成為先知。」（Miliband, 1977:147）在這樣宗教化的過程中，史達林主義自然會壓制「替代主義」批評的聲浪，並且將它化於無形。就史達林主義看來，黨和勞動階級之間形成完美的統一，前者從定義上來講本來就是代表後者，其間根本沒有替代主義問題，因此就不存在糾正替代主義的問題（Miliband, 1977:147-148）。而列寧對於「替代主義」的問題，則根本沒有提出任何解答。

第二節　階級和黨的辯證關係

史達林主義的發展，不只導致了共黨內部完全非民主化，而且導致黨與群眾之間由上至下的「宰制--服從」的絕對一元化的關係。日前東歐國家遽變，其主要方向是要與史達林主義劃清界線，建立多黨民主制度以及做到社會主義黨內的民主，

徹底放棄所謂民主集中制和無產階級專政這些原則，使社會主義黨成為一個由它的成員控制的群眾性政黨。而且更重要的是，社會主義黨必須放棄狹隘的以階級劃分的政策，但是卻相當強調勞動階級、農人和知識份子的利益，不會使社會主義黨走上資產階級的黨。換句話說，社會主義黨要向整個社會開放，其運作是建立在自願參與和結合的行動之上，黨的成員的意志將成為黨的決策和行動的唯一根源。其成員可以自由的發表意見，形成集團，並且進行聯合的政治行動。目前遽變中的東歐國家都宣稱在上述社會主義黨創造性的努力過程中，可以從馬克思的基本理念獲得啟發[1]。

上述這樣一種新形式（相對於史達林主義而言）的社會主義政黨的形成與發展是否能夠從馬克思的基本理念推論出，這是一個值得商榷的問題。馬克思雖然基本上揭櫫了社會主義運動的目標是自由、民主和人道主義的體現，但是馬克思對於作為社會主義運動中主導力量的政黨應該有什麼體質和制度並沒有釐清。而且事實上，就如米立班所言，馬克思也強調了黨對於無產階級或勞動階級的先鋒隊角色，因此，我們如果說，馬克思政黨理論已為黨取代階級這樣的替代主義鋪了路，事實上也並不為過。儘管，上述新形式的社會主義政黨可以從馬克思哲學性的人學論述中得到理念的啟發，但是，並不能因此忽略從馬克思思想到史達林主義的內在連續性。當然，我們也絕不能因此而刻意淡化馬克思將黨視為無產階級或勞動階級體現其

---

[1]關於東歐及蘇聯遽變反映在理念層面上的變化，可以參閱1989年度的《世界馬克思主義評論》（*World Marxist Review*）月刊，尤其是從六月號開始的許多文章。*World Marxist Review*, Progress Books, Canada, 1989. Vol.32, No.6-10.

歷史角色的工具的看法。而基本上這種工具主義的政黨觀和先鋒隊主義的政黨觀之間的歧異到底是馬克思思想的矛盾呢？還是馬克思思想發展的轉析？事實上，就政黨與階級或群眾的關係而言，黨的工具性角色和領導角色應該都要存在的，不過，黨的領導角色絕不能違背促成人作為歷史主體的原則，這種黨才能體現具有積極意涵的工具性角色。當然，黨要扮演這樣角色，必須是黨內要建立民主化的制度，不能有替代主義現象的存在，而且，黨與群眾的關係也必須是對等的開放關係。黨的權威建立在由下至上的黨員意見基礎之上，黨的社會地位和政治地位必須通過民主的政治結構予以確立，黨扮演體現黨員意見和民意的角色，而絕不可能以先知或先鋒隊的角色自居。由這種認知推論下去，多黨體制以及黨內有派的現象便是很自然的現象。而且，只要黨作為具有民主化結構的群眾黨的角色一確立，那麼黨的領導者就不必有被偶像化和神化的角色。從共產政權和共黨歷史發展來看，黨的領導者被偶像化和神化都是通過對黨的神化來完成的。

　　純粹從工具性的角度去認知黨和群眾或階級之間的關係，是不切實際的，因為每一個黨的成員終究是置身在黨的組織架構之中，受到黨的組織和決策權威的制約，我們絕不能因為把黨看成是一個工具，而否認黨的科層組織結構存在的必要性，因為黨的工具性角色必須通過黨的科層組織結構以及以這個結構為基礎的黨的權威的運作來體現。換句話說，黨的工具性角色和領導角色之間是一種辯證統合關係，而其間是以黨科層組織的民主化作為中介橋樑的。階級或群眾的意識和意志必須通過黨，才能成為具有廣泛社會意涵的政治行動，黨可以扮演群眾或階級集體意志的體現者的角色，亦即群眾或階級必須通過

黨才能發揮其統合力量。

　　黨如何作為群眾的黨而且不失其對群眾或階級的領導功能，這是政黨在具體實踐中經常碰到的問題。事實上，這個問題就意謂黨和群眾或階級必須具有辯證的關係，而要形成這種關係是必須以黨內民主化的組織規範作為基礎，讓黨內不同意見和批評能夠在民主化的規範架構下運作，使黨成為有機的結合體。黨具有民主化的規範架構的存在，可以調動黨員、群眾的參與積極性，而且這種規範架構的存在並不會妨礙黨主動提出具有前瞻性的意識型態以及社會情境的研判與分析，因此，黨內民主化規範制度的存在，並不會形成黨被群眾拖著走的現象，而反而會保證黨與群眾之間的辯證結合。換句話說，我們思考黨與群眾或階級的關係時，不要只是陷入單純的哪一方完全支配控制哪一方的思考瓶頸中，因為這種思考途徑本身就是不切實際的，由黨的科層官僚組織和領袖來支配控制其成員和群眾或階級，這雖然可以辦得到，但從歷史中我們已經看出已經造成高壓權力集中化的現象；而要求由成員、群眾或階級來控制黨應該要被理解成以黨的民主規範制度作為中介，使黨能體現成員和群眾的集體意識和意志。一個黨是否具有民主化的規範架構，這絕不是這個黨的家務事，因為一個黨的體質結構的運作，會影響牽動黨與群眾或階級之間，或各黨派之間以及黨與國家機器或群眾與國家機器之間的關係。當然黨的民主化規範架構，一方面須依賴國家機器的民主化為基礎，而同時，在另一方面對於國家機器的民主化具有促進作用。事實上，討論黨與階級或群眾的關係，必須扣緊黨與國家機器，以及階級或群眾和國家的關係來進行。

　　黨和國家機器之間可以具有互補互彰的政治共生關聯結

構，可以具有對立的關係，但黨和國家機器民主化結構的存在，可以使黨不需要通過推翻既存國家機器的手段來釐順雙方的關係。黨和階級或群眾的關係，受到黨和國家機器關係的影響，而階級和國家機器之間的關係，也會反過來制約黨和國家機器之間的關係，階級或群眾之間的互動，很難超越各黨之間以及黨與國家機器之間關係的制約。黨和階級或群眾之間具有辯證的統一關係，這樣才可避免權力替代主義，或黨不成為黨的現象，但這必須黨與國家機器具有辯證的統一關係才有可能。而黨與國家要具有這樣的關係，必須國家機器和黨都具有民主化的制度結構才有可能。

第五章

有關馬克思社會衝突論中階級與國家之間關係的爭論與批評

第一節　國家是階級的工具還是具有相對於階級的自主性？

　　阿圖舍就如前面所述，討論階級與黨的關係事實上必須扣緊階級與國家的關係來進行。而關於後面這個問題，我們仍然可以前面的米立班的論著作爲討論西方學術界看法的依據，因爲米立班的著作具有典型的意涵。

　　米立班認爲，在大部分的政治理論中，都相當重視國家和整個社會系統的關係的探討，馬克思的政治學思想也不例外。不過，一般政治學理論都傾向於將國家視爲「整個社會」的受託人、工具或代理人，而馬克思則從階級社會的角度拒絕這種看法。就馬克思而言，「在階級社會中，『整個社會』和『國家利益』這些概念顯然是不可思議的」（Miliband, 1977:66）。國家不可能是所有階級共同的信託人，將國家說成是所有階級共同的信託人，基本上屬於統治階級爲了維繫其階級統治爲國家機器所製造出來的意識型態的一部分。事實上就馬克思看來，「國家是階級宰制必要的手段，它不是競爭性利益之間中立的仲裁者：它不可避免的具有相當強烈的派性。它不是『超越』階級鬥爭而是剛好置身其中」（Miliband, 1977:66-67）。

　　米立班指出，馬克思對於國家最知名的看法，就是在《共產黨宣言》中把現代國家看成不過是管理整個資產階級共同事務的委員會。不過，我們若要了解馬克思的國家觀，絕不能僅以此觀點爲主，而必須爬梳更多的問題。與國家觀直接相關聯的是「統治階級」這個觀念。就馬克思而言，統治階級擁有和控制物質和精神生產手段的優勢局面，而且通過此可以控制駕

馭國家。但是在這裡就出現一個問題：因為其「假設階級權力可以自動的轉化成為國家權力」（Miliband, 1977:67）。階級權力到底能否自動的轉化為國家權力，而且兩者之間關係如何，都是爭論很多的問題。

上述關係的討論，牽涉到統治階級與國家之間關係的討論。米立班指出，而按照馬克思在《共產黨宣言》中的看法，既然國家能夠實現調節和調和資產階級不同因素和部分的不同的衝突利益，那麼「很明顯的國家在與『統治階級』的關係中，具有某種程度的自主性」（Miliband, 1977:68）。任何階級都不是而且永遠不會完全統一，它不會單純的去將國家當作工具來使用，統治階級和國家的關係在所有環境中都必定會有很多問題的（Miliband, 1977:68）。明乎此，進一步要追問的問題是為什麼馬克思會認為國家是統治階級的工具，而在這個問題中所謂「統治階級」這個概念的意涵就變得相當重要。

米立班認為，馬克思企圖從三方面來回答上面問題。首先，馬克思認為國家機器中的行政、司法和立法機關人員都是屬於擁有社會經濟和文化宰制優勢的階級，就以資本主義社會為例，資產階級成員就擁有經濟、政治和文化／意識型態的優勢（Miliband, 1977:68-69）。米立班指出，的確國家精英很容易與擁有經濟優勢階級具有一致的意識型態和政治的立場，而資本主義社會的國家機器很容易有利資本主義利益和企業，但光是強調國家精英與經濟優勢階級的關係是不足以解決上述國家與統治階級關係這個問題的（Miliband, 1977:69）。因為在資本主義的歷史中，事實上國家機器某些部分或甚至是大部分是掌握在較低階級成員的手中，在資本主義國家中，小資產階級甚至越來越多的無產階級很成功的擁有國家機器的位置，甚至位

居要津，他們通過「成功」的事業被吸納進入資產階級之中（Miliband, 1977:71）。

其次，馬克思認為統治階級通過其經濟和其他資源的所有權和控制權，進而擁有經濟力量去支配國家機器的運作。這種回答比第一種來得有力。的確，資本主義企業無疑的是資本主義社會中最強的壓力集團，而且很容易支配國家的注意力，但這些還是不足以論證國家是資產階級的工具，因為決策過程是個相當複雜的過程，無法（過分或完全）凸顯企業因素的影響力（Miliband, 1977:72）。

第三，馬克思從客觀非人格化的結構面去回答上述的問題。在本質上，馬克思這個論點很簡單扼要：「國家之所以是『統治階級』的『工具』，是因為其本來就被納入資本主義生產方式中。」（Miliband, 1977:72）國家的本質是由生產方式的本質和要求所決定的，米立班指出，國家機器所受到的結構性的限制是不容忽視的，資本主義經濟本身確實具有自己的「合理性」可以制約國家的運作（Miliband, 1977:72）。因此這個論點比第二個又更為有力，但仍有其弱點所在。因為強調資本主義生產方式對於國家機器的制約，很容易掉入「過分的結構主義」（hyperstructuralist）的陷阱中，從而很容易取消任何選擇的可能性，認為國家機器只能完全受制於客觀力量，這是另一種形式的決定論的看法。政府是可以推開結構性的制約力的（Miliband, 1977:73）。米立班認為，「國家的確是一個階級國家，『統治階級』的國家，但是它在作為一個階級國家來運作時，享有高度的自主性和獨立性，而且假使它要作為一個階級國家來行動時，它的確必須擁有高度的自主性和獨立性」（Miliband, 1977:74）。如果只是將國家當作是一個工具，顯然

不符合這個事實，而且也不能夠完全被當作是馬克思對於國家與統治階級之間關係的完整看法。因為事實上，馬克思也注意到了國家的相對自主性的問題。

　　米立班指出，馬克思曾充分地去了解在同樣資主義生產方式制約下的不同形式的國家機器。但馬克思認為這些不同形式的國家，都是階級國家。就因為馬克思把國家看成是階級國家，很容易會導致底下這種看法：事實上在不同形式的國家之間並沒有不同，或沒有很嚴重的不同（Miliband, 1977:75）。這種看法基本上是往後共產黨的看法。他們持這種看法是為了對階級界限以及資產階級民主的內在缺點作不妥協的批判。而在他們的看法中，幾乎都認為統治階級一定掌握國家機器（Miliband, 1977:82-83）。

　　事實上，米立班指出，馬克思認為，「不同形式國家有不同程度的自主性，但所有國家都享有某些自主性或相對於包括宰制階級在內的所有階級的獨立性（這個辭在這裡都與自主性交換使用）」（Miliband, 1977:83）。不過，馬克思並沒有過分凸顯國家的相對自主性，他認為，國家機器的自由程度最主要表現在決定如何用最好的行政手段為掌握權力所認定的國家利益──事實上也就是統治階級的利益而服務，換句話說，國家機器的自主性表現在行政力量相對於國家其他機構和壓力集團的相對自由度之上（Miliband, 1977:83-84）。從這個角度出發，當行政機構受到最少限制時，國家的相對自主性最大，而當馬克思從國家行政權力運作來論述國家自主性時，基本上認為國家可產生抗衡市民社會中其他社會力的力量。

　　米立班指出，國家的相對獨立性並不會減少它的階級特性，「相反地，它的相對獨立性使它能夠以一種適當的彈性方

式扮演它的階級角色，假如它真的是『統治階級』的單純『工具』，那麼它將很不幸地無法體現它的階級角色」（Miliband, 1977:87）。國家機構確實需要某種自由以決定如何爲既有的社會秩序提供最好的服務。事實上，在國家系統中的權力持有者爲了要維繫其權力地位，必須進行改革，亦即國家可以作爲改革的組織體，時常違逆統治階級的大部分人的希望，進行改革（Miliband, 1977:88）。

談國家的相對自主權，米立班認爲，可以從它所體現的功能來說明。國家所要體現的主要有四種功能：(1)強制性功能──在國土領域內維持法律和秩序；(2)意識型態文化的說服功能──促成對於既有社會秩序的共識，消除歧見；(3)經濟功能（此處的經濟是廣義的）；(4)國際的功能──在對外事務中促進國家利益（Miliband, 1977:90）。國家依賴他們各自不同種類的社會爲基礎完成上述功能，而同樣是資本主義社會國家也會因爲不同的因素和環境，而以不同的方式來完成上述功能。

國家的強制功能是最直接可見的功能，而從國家這種功能角色可以看出，國家是階級衝突的主要參與者，亦即一直處在衝突集團和階級的遭遇戰風暴中，不過國家介入階級衝突必然是具有黨派色彩的：「作爲一個階級國家，它經常是爲了維持既有的宰制系統而介入」（Miliband, 1977:91）。國家介入階級衝突方式的不同可以表現不同形式國家機器的不同。其次，在資本主義歷史中，國家介入經濟生活是其主要決定性特徵，考量資本主義的歷史，不能不考慮國家的行動，國家很明顯的與資本主義的發展糾纏在一起。馬克思在《資本論》中，就曾論述到，集中和壟斷是資本主義生產本身的內在規律。而恩格斯（Engels）在《反杜林論》（*Anti-Dühring*）則對此作進一步的闡

述，他認為，作為集中和壟斷過程的最高點，國家這個資本主義社會的官方代表最後將負起規劃生產方向的責任（Miliband, 1977:93-94）。再而，資本主義跨國家性的運作，會形成資本主義的世界體系，這使一切民族採用資產階級的生產方式，將各民族都納入同一世界之中。但是，資本主義的發展，卻促成具有主權的民族國家的形成。換句話說，「資本主義發展和擴張事實上意謂著通過個別的民族國家促進資本家的利益的特殊民族資本主義的發展」（Miliband, 1977:100）。掌握國家權力的人會將促進民族企業的利益，當作相當重要的工作。儘管，馬克思多麼期望無產階級國際主義的發展，但是馬克思一直將民族國家當作是人類最基本的組合單元，而且支持民族的權利和獨立以及成為國家（Miliband, 1977:102）。從20世紀的發展看來，多國公司已形成資本主義的國際經濟體系，而任何國家的掌權者都必須審慎考慮這些國際經濟力量的存在。但是，我們不能因此而忽略掉國家的自主性。

米立班指出，在第三世界（南亞、拉丁美洲和非洲），國家行動的「合理性」是通過國家支持鼓勵資本主義企業使得經濟獲得發展來證實的，但是共產國家是集體主義政權，資本主義企業是不能存在的，儘管這些國家也允許儲蓄，或擁有某些財產，如房子等，但絕不允許透過資本主義企業使私有財富成長起來。因此共產國家的國家角色就不同，因為，掌握國家權力的人絕不可能集中他們的權力於發展私有企業之上（Miliband, 1977:110-111）。事實上，共產國家集體主義的經濟組織方式影響了國家的角色和本質。曾經有不少人批評這些蘇維埃的政權，其強有力的國家機器成為「新階級」、「官僚階層」、「國家資產階級」的工具。在這些批評中，掀起了一個

基本問題：共產國家的統治者是否形成一個階級？（Miliband, 1977:111-112）對於這個問題，有些人認爲共產國家的官僚因爲不擁有自己的資本財產以便轉移給他們的子孫，因此他們並不成爲一個階級；但另有些人則認爲儘管官僚並沒有資本財產，但卻有特權可以庇蔭其後代子孫，因此他們確實成爲一個階級。但是，無論如何爭論，對於共黨國家作爲「權力精英」的工具這是不容置疑的。準此以觀，這樣的國家具有促進掌握國家權力者的權力和特權的功能，而且必然會壓制向國家機器挑戰的人（Miliband, 1977:112-113）。這些權力精英可以透過他們的職位享受權力以及很多利益和好處，因此，這些人，我們的確可以稱他們爲「國家資產階級」或其他稱呼，這樣的集團組合雖然不能被視爲巨大的財閥階級或階層，「但是它是一個特權階級的階層，而其特權尤其表現在享受權力之中」（Miliband, 1977:113）。

　　以上這種方式，將共黨國家視爲被頂層的權力精英宰制的工具雖然是合適的，但並不足以說明這些國家的本質、功能和運作動力。米立班認爲，因爲，這種觀點太強調掌握權力者的動機、目標和影響力，從而低估由於集體主義運作所延伸出來的其他層面的重要性。共黨國家基本上認爲，必須要有國家的支持，經濟才能發展，國家可規劃和組織企業，並且採取包括強制民眾意願的手段，爲經濟的發展提供必要的措施，集體主義結構性的限制在形構國家功能中扮演相當決定性的角色，那些掌握權力的人，儘管可以有將國家視爲工具的動機，但是這些動機往往只能在集體主義所延伸出來的國家宏觀性的運作目標中獲得實現。照前面那種權力精英掌握國家機器，並以之爲工具的觀點來看，國家必然代表著官僚、「國家資產階級」或

「新階級」的利益，但事實上，集體主義結構使國家不會只淪為統治階級（階層）的工具，它會對權力精英產生結構性的制約作用。不過，共黨國家的最大特色，是因為有作為高度嚴密組織的群眾黨的共產黨的存在，共產黨在這些共產政權中的權力運作中扮演舉足輕重的角色，因為其實際上壟斷了政治權力，享有絕對的優越地位。從這個角度來看，「那些控制黨的人也就控制國家，國家成為他們實行權力和強制的武器」（Miliband, 1977:115），這樣的黨國體制不必受外在社會力的限制，它只受到由集體主義所延伸出來的結構性力量的制約，但是這種制約並不會化約這些掌權者的自主權，當然這些作為黨國領導者的權力精英的運作受到金字塔權力結構頂端的競爭派系和競爭者的制約，從而延伸出路線、意識型態的爭執。但是這些現象都不會影響國家機器在相對於社會的運作，具有高度的自主性這個事實。馬克思在《哥達綱領批判》中曾經說，要人獲得自由，就必須使國家由一個站在社會之上的機關變成完全服從這個社會的機關。而共產政權，在強調共黨的先鋒隊角色進而形成黨國體制時，卻反而又使國家更成為凌駕社會之上的巨大政治力量（Miliband, 1977:115-116）。

馬克思確實認為，掌握生產手段的控制權和所有權的統治階級，會使國家成為其服務的工具。不過，馬克思並沒有有系統的回答為何階級力量能夠與國家力量相一致的問題。而馬克思死後的研究者對於上述問題的詮釋回答，基本上多是掉入循環論證的陷阱中，亦即在回答上述問題時，總是努力地去論證國家本來就是資本家的國家或資本的國家，此外，這些回答，基本上都有一個共同點：國家必然會屈服於外在壓力和力量的限制之下，它是作為外在力量的工具，其動力和驅力是由外在

力量所提供的。從1960年代以來，馬克思主義國家概念受到重視，並引起很多爭議，上述的回答就引起很多的責難與批評。批評者就傾向於認為馬克思是認識到國家的「相對自主性」，而且可以獨立於社會之外來運作的；換句話說，馬克思並沒有將國家只視為屈服於外在力量的工具，而是認為國家是擁有自己利益和目標的建制，控制國家機器的人與擁有和控制生產手段的人雖然有合作的關係，但政治和經濟領域並沒有因此而合併為一，因此國家仍可以有相對的自主性以維繫和保護對經濟優勢階級最有利的社會秩序。就算在《共產黨宣言》中，馬克思認為國家只不過是資產階級共同事務的管理委員會，但國家要扮演這種角色，事實上如果沒有相當程度的獨立性的話，幾乎不可能做到。

另外，也有不少人認為，馬克思的國家觀的不足處，不只表現在無法周延的回答階級力量為何可以轉變為國家力量，還在於馬克思在論述共產革命到來之後，掉入無政府主義（anarchism）的陷阱中，這種批評似乎也沒有擊中要點，因為馬克思在《哥達綱領批判》中，就指出在革命之後過渡到共產主義社會的階段，必須進行無產階級的專政。透過了這樣的專政消滅私有財產，取消了階級和階級衝突存在的根源後，國家自然會趨於消亡。亦即馬克思認為國家不是被消滅的，而是必須通過對社會生產方式和關係的結構性改造後，才會趨於消亡。

不過，蘇聯國家機器的建立，尤其是按照史達林主義的主張，對馬克思的國家理論構成相當大的挑戰。因為史達林主義強調，共產革命之後，國家非但不能消亡，而且必須獲得強化以建設社會主義，並且去對付許多社會主義的敵人。有不少批

評者認為，按照史達林主義主張進行實踐的結果，國家必然又會成為革命後掌握國家機器那些人——新階級的工具。[1]

　　將馬克思的國家觀拿來與當代高度發達的資本主義社會相對照，底下這些問題必然會成為討論的對象（中華民國國際關係研究所、政大東亞研究所，1969a:86）：

1.當代高度發達的資本主義社會中的國家機器的本質和角色是什麼？
2.這些國家如何體現他們的階級性？
3.這些國家如何像馬克思在《哥達綱領批判》中所說的，能夠由一個站在社會之上的機關變成完全服從這個社會的機關？

　　古典馬克思主義者[2]和史達林主義基本上都傾向於強調國家的強制性角色，從這個角度能否適當的詮釋高度發達的資本主義社會與國家的關係，這已經成為包括西方馬克思主義者

---

[1]此處新階級的意涵係採用吉拉斯（Milovan Djilas）《新階級：對共產主義體系的一種分析》一書中的意涵，請參閱Djilas, Miloran (1963): *The New Class: An Analysis of the Communist System,* New York.

[2]此處所謂古典馬克思主義者，指的是包括馬克思（Marx）、恩格斯（Engels）、拉布里奧拉（Labriola）、梅林（Mehring）、考茨基（Kautsky）、普列哈諾夫（Plekhanov）、列寧（Lenin）、盧森堡（Luxemburg）、希法亭（Hilferding）、托洛斯基（Trotsky）、鮑威爾（Bauer）、布哈林（Bukharin）等在內的馬克思主義者。請參閱Anderson, Perry (1976): *Considerations on Western Marxism,* London, pp.7-8。中文翻譯本請參見佩里·安德森著，高銛、文貫中、魏章玲譯，高銛、許津橋校閱，《西方馬克思主義探討》，台北：久大文化股份有限公司、桂冠圖書股份有限公司，1990年1月，頁10；另請參閱 Merquior, J. G. (1986): *Western Marxism*, London, pp.1-11。

（Western Marxists）在內的研究者的批判和反省。而在這些反省中，葛蘭西（Antonio Gramsci）和阿圖舍的國家觀是影響力相當大的觀點。筆者接著擬先以卡諾宜（Martin Carnoy）的《國家與政治理論》（*The State & Political Theory*）一書中對於馬克思國家觀的詮釋以作為和米立班上述解釋作對照的架構。然後再進一步討論葛蘭西和阿圖舍的國家觀，以彰顯這兩者看法的異同，並且藉以反省當代的資本主義社會的國家機器。

　　卡諾宜認為，儘管馬克思並沒有發展出具有一致性的政治理論或國家理論，但我們自可從其對黑格爾法哲學的批判、《共產黨宣言》、《路易·波拿巴的霧月18日》、《哥達綱領批判》等著作中歸納出馬克思的國家觀：

1. 馬克思認為國家的形式是從生產關係產生出來的，黑格爾的國家觀是理性的國家觀，抽取歷史因素將國家視為永恆，但是「馬克思反過來將國家放入歷史脈絡中，而且使其置於唯物史觀的制約之下」（Carnoy, 1984:46-47）。馬克思認為不是國家形構了社會，而是社會形構了國家，「國家是被支配性的生產方式以及內在於這種方式之中的生產關係所具體決定的」（Carnoy, 1984:47）。

2. 馬克思認為國家是內在於生產關係中的階級結構的政治表現，它並不能代表共同的利益。亦即國家並不能超乎特殊利益和階級之上，它是階級宰制的政治表現。而就資本主義社會而言，「事實上，國家就是資本主義社會中階級宰制的一種基本手段，它並不能超乎階級鬥爭之上，而是深深的介入階級鬥爭之中」（Carnoy, 1984:47）。因此，國家並不能做為整體社會的受託人。

資產階級因為在生產過程中控制了勞動，因此，能將其權力拓及到國家，掌握國家機器。

對於青年馬克思而言，他認為，國家是與社會分離的，有它自己的生命和特殊的利益，而在《德意志意識型態》形構了歷史唯物論之後，馬克思將階級鬥爭的社會動力觀帶入國家理論之中，國家變成是與階級互動直接關聯在一起的制度系統，並且是做為優勢階級的政治表現而存在。亦即「國家有它自己的權力，但這種權力反映了生產——市民社會——的關係」（Carnoy, 1984:49）。而在資本主義社會中，國家是按照整個資產階級的利益來行動的。

3. 馬克思認為，在資本主義社會中，國家是資產階級強制的武器。亦即國家可以為資產階級（優勢階級）而服務，表現其強制的功能（repressive function）。資產階級可以使用國家權力去對付或壓制其他階級或集團。不過，馬克思對上述這個論點的說明是不夠清楚的，一方面馬克思認為資本主義社會的國家不過是管理整個資產階級共同事務的委員會，但另一方面，馬克思又贊成民主的擴張，可以制約國家的行政權力（Carnoy, 1984:50-51）。

馬克思雖然從符合階級國家觀的立場討論民主的問題，但是馬克思認為討論民主問題，必須注意其兩面性（two-sidedness），因為就以資本主義社會為例，一方面資產階級可以利用民主的形式作為製造群眾參與的假象，而另一方面卻也可以變成群眾掌握權力的手段，因此，民主的形式對於資產階

級而言，既是一種工具也是一種危險，民主形式本身也具有階級性，內在於社會中的階級對立會注入民主形式的運作之中（Carnoy, 1984:51）。

卡諾宜指出，米立班在其《馬克思主義與政治》一書中曾討論為何擁有生產手段控制和所有權的統治階級就能控制國家，亦即討論階級力量為何以及如何可以自動的轉化為國家力量。米立班的這些討論正凸顯馬克思將國家視為資產階級的代理機構這樣一種觀點不夠清楚（Carnoy, 1984:52）。事實上，討論國家與統治階級的問題，就會引導我們去討論國家自主性的問題。而在前面已經說過，馬克思早期著作，就認為國家與市民社會分離，有它自己的生命，而國家官僚組織可以按照自己的利益而非社會的利益來行動，這樣一種觀念貫穿了馬克思往後對國家的分析。馬克思並沒有從被動簡單的角度只將國家視為統治階級力量的延伸，或是統治階級的工具或傀儡（Carnoy, 1984:53）。

卡諾宜指出，就馬克思而言，可以從兩個層面來談國家的自主性：

1.資產階級並不能直接的掌握國家機器，而且因為個別資本之間有衝突，因此需要一個獨立的官僚系統來作為整個資產階級的執行者；換句話說，「資產階級將管理社會的政治事務的工作歸之於官僚系統」（Carnoy, 1984:54）。

2.當階級力量勢均力敵時，任何階級都無法展現凌駕國家之上的力量，此時國家就具有第二個層次的自主性，不過，雖然此時國家並不是受統治階級的宰制，但其權力

仍然要依賴階級社會中的政治情況運作（Carnoy, 1984:54-55）。

此外，對於馬克思有關國家自主性的討論，卡諾宜認為，有另一種詮釋方式值得注意。這種詮釋強調，必須從馬克思《資本論》中的政治經濟分析來理解其國家理論，而如果從這個角度來看，那麼國家理論就與《資本論》中所分析描述的資本主義發展的經濟規律，尤其是利潤率下降的規律連結在一起，而如此一來，「資本主義的國家形式就是從它必然要介入防止利潤下降以及重建資本累積中表現出來的」（Carnoy, 1984:56）。所以資本主義國家必須設下重重有形的關卡來幫助個別資本獲利以及幫助資本家剝削工人的剩餘價值。於是「剩餘的壓榨而不是階級鬥爭就成為了解國家形式的基本變項」（Carnoy, 1984:56）。以上這種詮釋方式基本上認為馬克思的政治理論是從其政治經濟學理論延伸出來的，這種詮釋基本上更具體的去詮釋了馬克思的國家觀。

馬克思是將國家與統治階級的關係奠立在國家所具有的相對自主性上而非其工具性上，這也就是說國家具有相對於市民社會的自主性，不過，卡諾宜指出，馬克思始終認為國家所代表的是某一特殊階級的利益，而且透過制度化的強制性權力來體現這種功能（Carnoy, 1984:56）。在馬克思之後的馬克思主義者，尤其是列寧，都著重從分析社會革命策略的角度來討論資本主義的國家本質，這樣一來，這些馬克思主義的政治理論就變成是一種行動理論，從屬於革命之下，為革命奠立合理化的基礎。

卡諾宜強調，列寧的國家觀最主要是通過以下這些論點表

現出來的：(1)國家是階級統治的機關，是一個階級壓制另一階級的機關；(2)國家是階級對立無法調和的產物，它是統治階級鎮壓宰制支配被統治階級的工具手段。因此，被壓迫階級如果不通過暴力革命，摧毀統治階級所掌握的國家機器，是不可能獲得解放的。列寧就是以這樣的論點作基礎，將摧毀資產階級的國家機器視爲革命變遷的必要工作，而在他對資本主義國家本質的描述，事實上就是爲了替社會主義革命提供策略（Carnoy, 1984:57-58）。列寧所提供的策略最主要分成二個部分：(1)用暴力推翻資產階級國家；(2)向共產主義過渡，此時必須把階級鬥爭轉變成爲無產階級專政。這也就是說，「對列寧而言，在從資本主義過渡到共產主義中階級鬥爭必須繼續下去，而且必須要求建立國家機器來消滅資產階級；因此，就必須建立無產階級專政」（Carnoy, 1984:58）。列寧認爲，要消滅資產階級就必須建立一個強有力的工人國家機器以強制的方式來進行，誰要是僅僅承認階級鬥爭，那他還不是馬克思主義者，只有把承認階級鬥爭拓展到承認無產階級專政的人，才是馬克思主義者，此外，列寧也批評許多人對恩格斯國家自行消亡作機會主義的解釋，從而延伸出否定革命的看法，列寧堅持以無產階級革命來消滅資產階級的國家，而自行消亡的是無產階級的國家。資產階級國家由無產階級國家代替，不能自行消亡，只能通過暴力革命來推翻。

　　卡諾宜指出，列寧在討論國家時，也特別針對民主概念意涵加以討論。列寧認爲，只有當國家以整個社會的名義占有生產資料以後，即社會主義革命以後，這時「國家」的政治形式才是最完全的民主（Carnoy, 1984:59）。列寧認爲資產階級民主只不過是每隔幾年決定一次究竟由統治階級中的什麼人在議會

裡鎮壓人民、壓迫人民，這樣的民主只是少數富有者的民主。在資本主義社會中，國家機器很明顯的就是資本家的機器，它不管在形式和內容上都被組織起來為資產階級而服務。卡諾宜按照萊特（Erik Olin Wright）的〈控制或粉碎官僚：韋伯和列寧論政治、國家和官僚〉（"To Control or to Smash Bureaucracy: Weber & Lenin on Politics, the State, and Bureaucracy"）一文認為，列寧是將資產階級宰制民主分成兩大範疇：(1)資產階級將議會當作是迷惑群眾以及合法化資產階級所控制的社會程序的手段；(2)資產階級直接控制議會（Carnoy, 1984:60）。

　　卡諾宜指出，列寧的國家觀與民主觀，很容易導致在摧毀既存的所有民主形式後，權力集中於少數人手中的專政現象，使得建立民主工人國家企圖趨於幻滅的結果。「事實上，列寧認為，向社會主義過渡是由扮演先鋒隊的共黨中央委員會領導工人來實現的，而不是依賴工人作為社會變遷的動力。」（Carnoy, 1984:61）有名的波蘭馬克思主義者羅莎‧盧森堡曾批評列寧，認為列寧背叛馬克思的無產階級專政的意涵，因為馬克思的無產階級專政事實上就是工人民主，讓工人充分的參與工人議會，工人專政是一種階級的專政，而不是黨或黨派系的專政（Carnoy, 1984:61）。列寧與羅莎‧盧森堡的不同，乃植基於他們對於黨和勞動階級關係的看法不同。列寧認為勞動階級的意識必須由革命家黨（共黨）來加以灌輸，因為工人運動自發性發展只會導致屈服於資產階級意識型態，工人必須接受紀律嚴明、組織嚴密、權力集中的共黨的領導（Carnoy, 1984:63）。而羅莎‧盧森堡很早就預言，按照列寧的構想，必然導致中央委員會指揮黨，黨指揮群眾的專政現象，「她相信群眾的創造性、自主性，並且尊重他們的自發性，認為他們有

權利犯錯」（Carnoy, 1984:64）。

　　列寧的國家觀，是一種純工具性的國家觀，將國家視為統治階級鎮壓宰制支配被統治階級的工具手段，這種國家觀仍然以階級社會為基礎，並且以「零和」的階級對立互動規則將國家界定為階級對立不可調和的產物，這種觀點基本上與契約論的國家觀不同，因為契約論的國家觀原則上是將國家當作是調和集團、階級之間對立矛盾的機關。列寧的國家觀很明顯的是建立在單純的階級對立觀上，而馬克思把資本主義國家看成是資產階級共同事務的管理委員會時，基本上仍然預設資產階級內部仍有其對立，以及國家作為管理委員會身分的相對自主性。照馬克思看來，國家必須通過其相對的自主性才能體現管理委員會這樣的身分。因此，馬克思並沒有像列寧那樣只是單純的將國家視為統治階級的工具或傀儡。但是，注意到國家的相對自主性，似乎就可能為改革國家機器預留了後路，這將不利於共產革命的進行，於是列寧基本上就取消了國家的相對自主性，只是凸顯在統治階級控制操縱下的國家會成為廣大的被統治階級的異己敵對的力量。

　　馬克思把國家看成是資產階級的管家，不取消管家的相對自主性的角色；而列寧則將國家看成是資產階級手中握著的利劍或刀槍，完全取消國家的自主性。列寧純然從革命實踐的角度去論述國家，其國家理論是要為革命策略奠立合理化的基礎，而馬克思則從市民社會和國家機器的互動來論述國家機器的階級本質，以這種方式來討論國家，或許就列寧看來，充其量只能挑起人們的意識覺醒，但並不能對革命實踐產生進一步的意涵，因此，必須從革命實踐取向重新來詮釋國家。事實上，馬克思在談到資產階級被推翻，私有財產被消滅後，最常

用哲學的語言來說明，認爲那時基本上是個人自由的聯合體，而並沒有進一步解釋無產階級用什麼手段或力量可以讓資本主義社會過渡到共產主義社會。一直到《哥達綱領批判》，馬克思才明確但並沒有系統的指出在資本主義向共產主義過渡的過程中，必須實行無產階級的專政。而列寧基本上就抓住馬克思在《哥達綱領批判》這種觀點，將馬克思的國家觀透過革命實踐取向加以改造，以便爲革命實踐奠立合理化的基礎。

　　鄭學稼教授在其《列寧主義國家論之批判》一書中認爲，馬克思和恩格斯的國家論中，的確有將國家視爲階級對立的產物、將國家視爲階級壓迫工具的思想，但列寧在其《國家與革命》一書中將國家視爲階級矛盾不可調和的產物，並且將這種看法奠立在恩格斯的《家庭、私有制和國家的起源》一書的觀點上，但是，鄭教授認爲，列寧是片面地強調恩格斯的意見，事實上，依照恩格斯在《反杜林論》中的看法，「恩格斯明白地爲我們指出：在文化較高的階段，國家也是爲『保護共同的利益』和抵抗外來的攻擊，而不是充當公社內部某一集團的壓迫工具」（鄭學稼，1976:224）。此外，鄭教授又以被列寧引爲做其國家論基礎的馬克思著作《路易·波拿巴的霧月18日》來說明，鄭教授認爲，在此著作中，馬克思指出，拿破崙第三所建立的國家是凌駕於社會之上，不再是社會的工具，或且不再是社會中任何階級的工具：

　　　　總而言之，拿破崙第三的國家，依馬克思的分析和意
　　見，不是階級壓迫的工具，而是「行政權力使社會屈服於
　　它」，也就是「駕於社會之上」的寄生物。依馬克思的
　　話，儘管階級的剝削還存在，和政權還維持所有財產制，

而國家（政府）卻不屬於某一階級。（鄭學稼，1976:229）

鄭學稼教授認為，包括馬克思和恩格斯在內的馬克思主義著作，對於國家的論述並不一致，所謂國家是階級矛盾不可調和的產物只是其中一種，而列寧只片面強調這種看法：

> 由以上的論述，我們知道在馬克思主義的文獻中。曾論述到三種國家的本質：第一，國家是階級矛盾不可調和的產物；第二，國家是階級的調和者「緩和衝突者」；第三，國家是寄生物。由之可知馬、恩對於國家的本質，並無一貫的觀點，列寧只強調第一點，而且把它解釋為馬克思主義國家論的唯一內容。（鄭學稼，1976:230）

鄭教授的評論看法，基本上是認為，馬克思事實上注意到相對於階級（尤其是統治階級）的相對自主性，以及馬克思和恩格斯本身的國家觀並無一貫的觀點。而事實上，馬克思在《哥達綱領批判》中，也注意到如何使國家從高高在上於社會之上，成為服從於個人自由聯合體的政治角色，這的確可為鄭學稼教授的看法提出更進一步的佐證。

第二節　葛蘭西論階級與國家

馬克思並沒有像建構政治經濟學一樣建立一套有系統的政治理論，因此，在他之後的研究者或馬克思主義者，必須承擔起幫馬克思政治理論系統化的工作，以便能夠作進一步的分析批判的工作。

對於國家的探討，是馬克思政治理論中的重點所在，因此，一般在重建馬克思政治理論使其系統化時，必須把馬克思國家觀的重建當成重點，而葛蘭西在這方面的重建工作是最受到矚目的，葛蘭西在重建馬克思的國家觀時，最主要是扣緊對市民社會（civil society）這個概念的闡釋來進行的，而資產階級在市民社會中的主導權（hegemony）更是葛蘭西關注的焦點。事實上，就在對於市民社會和主導權的闡釋上，葛蘭西被認為有超越馬克思的架式。

　　就葛蘭西而言，市民社會是屬於上層建築的一部分，而不是屬於下層建築的一個環節：

　　　　我們現在所能做的是去確立上層建築兩個主要的「層」：其中一個叫作「市民社會」，那是通常被叫作「私人的」各種組織的組合；另一個叫作「政治社會」或「國家」。這兩層一方面與統治集團通過社會發揮其「主導權」相對應，而另一方面與統治集團通過國家和政府產生「直接統治」或支配控制對應起來。（Gramsci, 1971:12）

　　葛蘭西首先認為上層建築包括市民社會和政治社會或國家兩層，這兩層都是統治階級發揮其主導權和宰制力的工具。因此，葛蘭西對於市民社會的認知，是與馬克思不同的，因為馬克思將市民社會視為下層建築。而就由於葛蘭西將市民社會視為上層建築，因此，意識型態和文化的分析就成為了解市民社會，以及資本主義社會歷史發展的關鍵所在。

　　就如前述，馬克思在《德意志意識型態》中認為，支配著物質生產資料的階級，同時也會支配著精神生產的資料，亦即一個擁有物質生產資料所有權、掌握占絕對優勢的物質力量的

階級，同時也會擁有精神生產資料所有權，而沒有擁有物質生產資料的階級，就不能擁有精神生產資料所有權，在思想意識上必須受制於前者。因此，在每一個時代，占統治地位的思想，事實上只不過是一套說明擁有生產資料所有權而成為統治階級對於整個社會進行宰制統治的思想。葛蘭西使用「主導權」這個概念來說明統治階級在思想意識上所具有的宰制地位的體現。

基本上，葛蘭西的「主導權」概念具有二種主要的意涵（Carnoy, 1984:70）：

1. 宰制階級中的某個派，對宰制階級中其他派進行道德和知識領導的過程。

2. 主導權指的是宰制階級成功的使用它的政治、道德和知識領導權建立其世界觀，並且藉以形塑被統治集團的利益和需要，以便使宰制階級的統治能夠獲得被統治者的同意。

而葛蘭西認為，主導權在社會中是通過制度、意識型態、代理人等所形成的複合體表現出來的，人們只有通過階級鬥爭以及統治階級在市民社會中擴充其權力和控制力這些面向才能理解體現主導權的工具或機器的意義。因為這些工具或機器「不是『純粹的』行政性和技術性的制度；更有甚者，就像生產系統一樣，它們是被注入政治內容的」（Carnoy, 1984:70）。就葛蘭西而言，統治階級所具有的「統治」地位和其所擁有的「主導權」是互為中介、互為橋樑的關係，因此，儘管就如上述所言，葛蘭西將上層建築分成政治社會和市民社會兩層，而且把政治社會等同於國家，但事實上，葛蘭西作如此的區分只

是從方法論上來考量的，因為在現實的領域中，政治社會和市民社會是互為中介、互為橋樑的，並沒有明顯的界限。就葛蘭西而言，在現實世界中，國家等於是政治社會加上市民社會，統治階級的主導權是靠強制力量來保護的（Gramsci, 1971:263），而強制力量靠主導權來使其合理化：

> 國家是整個的理論活動和實踐活動的複合體，統治階級透過國家不只可以合理化和維持其統治，而且可以設法贏得被統治者的積極同意。（Gramsci, 1971:244）

換句話說，就葛蘭西而言，「主導權不是指與強制相對立的同意而已，而是指同意與強制的綜合」（Carnoy, 1984:73）。主導權是會以不同形式表現在不同地方，而國家事實上也是作為體現統治階級主導權的一種機器而存在的，「國家變成主導權的一種機器，其包含市民社會而且通過只屬於國家的強制機器與市民社會區分開來」（Carnoy, 1984:73）。主導權與國家機器本身是分不開的。

依照安德森（Perry Anderson）在〈葛蘭西的二律背反〉（"The Antinomies of Antonio Gramsci"）一文中的看法，葛蘭西的國家有第三種意義：國家等同於市民社會，國家與市民社會合併成為一個更大的統一體，國家等同於社會結構本身，它包括政府的和私有的機器（Anderson, 1977:33-34; Carnoy, 1984:73）。安德森這種詮釋雖有新意，但卻引起質疑，事實上，一般研究者最重視將國家視為等同於政治社會和市民社會的看法（林賢治，1988:217）。

葛蘭西之所以將國家視為等同於政治社會和市民社會，是以他對於資產階級本質的觀察為依據。他認為，資產階級在持

續性的運動中會將自己建構成一個有機體，去吸納整個社會，而且從文化上去改變整個資本主義社會：

> 資產階級在持續運動中以有機體的姿態出現，從而能夠吸納整個社會，使其與資產階級自己的文化和經濟層面相同化。因此，整個國家的功能已經被改變了；國家成為一個「教育者」。（Gramsci, 1971:260）

葛蘭西認為國家具有「意識型態」性，它也是作為一個體現統治階級主導權的機器而存在的，但是他也強調，國家之所以作為一種主導權機器，是以和生產關係密切相關聯的階級結構作基礎的。在資本主義社會中，國家作為主導權機器的角色，是從資產階級（資本主義社會的統治階級）作為包辦意識型態以及擁有經濟優勢力量的階級這樣的前提延伸出來的（Carnoy, 1984:75）。國家作為統治階級的工具，不只因為其擁有政治強制力，還因為其是意識鬥爭的參與者，企圖要教育被統治者認同統治階級的理念和看法，資產階級要作為一個統治階級，必須在意識領域擁有主導權，而國家作為統治階級統治的一種工具，必須也是一個「教育者」（educator），而不能只具有強制力。資產階級為了保持其主導權以及應付擴大生產力的需要，必須持續不斷的重組國家權力以及國家和被統治階級的關係，以度過種種政治和經濟危機（Carnoy, 1984:76-77）。這是一種資產階級主導下的消極革命（passive revolution），其特徵是由資產階級（統治階級）運用其所掌握的國家力量來進行，排除群眾的參與，以繼續維持統治階級的主導權。就因為資產階級所掌握的國家，不只擁有政治統治權而且還擁有意識型態的主導權；亦即不只掌握政治社會還掌握市民社會，因

此，在當代資本主義的發展過程中，無產階級若要奪取國家權力，就必須先奪取市民社會的主導權，而不能只是奪取國家機器而已。葛蘭西認爲這樣的策略叫作「陣地戰」（war of position）。卡諾宜認爲，葛蘭西的「陣地戰」包含有四種重要的因素：

第一，陣地戰與托洛斯基的「不斷革命」（permanent revolution）不同，因爲後者的革命策略是強調以武力不斷對國家機器進行正面攻擊，以武力去攻擊資產階級的強制性的力量，這是一種運動戰（war of maneuver）。不斷革命論這種策略已經無法解釋當代資本主義的發展，而且不符合在這種時代從事革命的需要（Carnoy, 1984:81）。

第二，陣地戰是要先爭奪市民社會的主導權，然後進而包圍國家機器，奪取國家權力（政治領導權）：

> 「陣地戰」是建立在以反主導權態勢包圍國家機器這個理念基礎上，亦即是要勞動階級的群眾組織創造出反主導權的態勢，發展勞動階級的制度和文化。（Carnoy, 1984:82）

葛蘭西認爲，勞動階級的組織首先應該作爲建立新的無產階級社會新文化的基礎，而只有當勞動階級經過這種意識型態武裝和洗禮，形成新的世界觀、新的思維方式、新的道德價值觀念時，勞動階級才能進一步去取得政權，建立新社會，亦即勞動階級先取得市民社會的主導權，控制社會的價值和規範系統，然後再取得政權，這樣勞動階級所建立的國家才是完整的國家：既擁有政治統治權又擁有意識型態主導權。而在陣地戰過程中所建立的表現勞動階級主導權的制度和組織，將成爲這

個國家中新的道德和知識秩序的基礎（Carnoy, 1984:82-83）。

　　第三，陣地戰是一種挑起勞動階級階級意識的過程。在這個過程，勞動階級階級意識的覺醒可分成三個層次（Carnoy, 1984:83）：

1. 專業性集團成員（從無產階級中發展出來的具有組織能力的知識份子）意識到勞動階級的同質性，覺得需要將勞動階級組織起來。
2. 勞動階級要求與統治階級擁有政治和法律的平等地位，參與國家機器，甚至去改良國家機器，此時勞動階級還活在統治階級的規範和價值的籠罩之下。
3. 勞動階級形成自己的文化，並且形成反意識型態聯盟，要求從被支配的位置中解放出來。

　　第四，葛蘭西將黨看成是挑起勞動階級階級意識以及對勞動階級進行意識型態教育、發展勞動階級主導權制度的工具。但葛蘭西並沒有將黨視為勞動階級的先鋒隊，而是認為雙方可以形成辯證關係。葛蘭西認為，勞動階級可以自己發展出自己的「有機的知識份子」（organic intellectual）[3]，黨要作為這些知識份子活動的管道，並且將這些知識份子和勞動階級連結起來。以勞動階級群眾為基礎所建立起來的黨，必須扮演一個反

---

[3]孫善豪在〈「民間社會」與「文明社會」：民間社會理論對葛蘭西的誤解〉一文中認為，應將"organic intellectual"譯為「組織的知識份子」，因為晬諸葛蘭西原意，這種知識份子的任務毋寧是把新興階級組織起來，使之上升為統治階級。見孫善豪，〈「民間社會」與「文明社會」：民間社會理論對葛蘭西的誤解〉，《中國論壇》，第28卷12期，1989年9月，頁33。

主導權的教育者和建立者（builder）的角色（Carnoy, 1984:83-84），亦即黨必須建立勞動階級的主導權，而黨要實現這種功能，必須以自己培養的工人階級的「有機的知識份子」作爲基礎，靠這些知識份子領導勞動階級建立主導權，對抗資產階級主導權，並在奪取國家政權後，繼續從事建立新社會文化的工作（林賢治，1988:173）。勞動階級的政黨本身要作爲一個主導權，必須通過有機知識份子來實現；這個政黨必須要代表勞動階級的立場，體現勞動階級的集體意志，而同時，反過來，黨必須負起教育群衆的任務，扮演一個教育者，幫助勞動階級批判和克服常識，從而讓勞動階級群衆的文化水平提到更高境界和層次，讓勞動階級的個人能夠成爲自覺的社會主義的新人，這勞動階級作這樣的「知識和道德的改革」，必須依賴有機知識份子（Gramsci, 1971:132-133）。勞動階級黨的發展過程必會體現勞動階級群衆有意地建立一個新國家的過程，黨首先必須負起建立勞動階級主導權的任務，而要達到這個目標必須依賴有機的知識份子對勞動階級進行「知識與道德的改革」，爲建立勞動階級的主導權塑造有利的環境。事實上，就葛蘭西看來，作爲勞動階級黨的黨員應該都是知識份子或變成知識份子，而勞動階級也必須要成爲知識份子，才有可能作爲自覺的社會主義新人。

葛蘭西對於資本主義社會的分析，相當重視上層建築的影響力，而且著重分析資產階級（統治階級）如何通過擁有市民社會的主導權，使其政治統治合理化。換句話說，葛蘭西認爲資產階級之所以能夠維持其統治地位，不只依賴國家機器的強制力或其所擁有的經濟優勢力量，而更依賴通過市民社會和整個國家機器的主導權的掌握，通過對主導權的掌握，資產階級

可以說服勞動階級（被統治階級）接受其信仰系統以及社會、文化和道德的價值（Carnoy, 1984:87），而勞動階級首先就是要面對資產階級的主導權，與這種主導權對抗，建立起自己的主導權，不過要實現這個目標必須通過產生於勞動階級的有機知識份子，來幫勞動階級群眾進行「知識與道德的改革」。基本上，葛蘭西相信勞動階級群眾的知識品質，並不像列寧強調，要由精英主義的黨來提高革命的理論和策略。葛蘭西對於勞動階級的階級意識的發展的評估，又恢復馬克思的「樂觀」面，「他認為這種意識可在一個群眾黨的形式中，產生出來」（Carnoy, 1984:88）。

　　馬克思從工人與資本家或資產階級不斷的鬥爭和改變組織形式的過程中，說明工人自覺性的階級意識的形成和黨的形成，但馬克思並沒有進一步說明黨的發展與勞動階級階級意識發展的互動關係，葛蘭西幫馬克思補充了這部分的不足。基本上，葛蘭西仍然是比較強調馬克思思想傳統的，他認為列寧主義並不足以說明20世紀的資本主義的發展以及應付勞動階級革命的需要。葛蘭西不希望勞動階級的社會主義革命按照列寧主義的途徑，被轉變成由精英主義的黨所包辦的替代主義的革命。在葛蘭西看來，黨應該以知識份子作為中介和群眾形成有機的辯證關係，黨一方面體現勞動階級的集體意志，代表勞動階級的立場，一方面幫助勞動階級對抗資產階級的主導權，從意識結構層次上，讓勞動階級擺脫資產階級主導權的制約束縛，並且形成自己的世界觀和價值認知體系。勞動階級的黨必須體認將來掌握國家機器的可能性，從而要使黨自己作為國家雛形而存在，要幫助勞動階級以黨作為基礎建立主導權，使勞動者能夠成為社會主義的新人，使社會主義革命成為推動社會

文化變遷的動力。

馬克思強調資產階級擁有物質生產資料的所有權，因此就會擁有精神資料所有權，並且控制國家機器，擁有政治的強制統治力量，但馬克思並沒有將資產階級擁有精神資料所有權、具有思想精神力量這個面向的論述，進一步加以分析，而葛蘭西的國家理論也對馬克思這方面的不足作了補充，他通過對主導權概念的論述，說明資產階級如何通過掌握思想精神領域的主導權，來合理化資產階級的政治統治地位。而在對主導權的論述過程中，葛蘭西事實上也指出了列寧主義的局限性，強調列寧主義所提供的革命理論和策略基本上只適合東方尤其是俄國社會。葛蘭西認為，在西方世界，市民社會是作為國家的後盾而存在的，可以為國家產生堡壘的作用。

葛蘭西的國家理論，在馬克思主義發展過程中，是相當具有原創性的，不過，基本上，葛蘭西也是從革命策略的考慮來論述其國家理論，這與列寧主義的國家論基本上的精神是相同的，葛蘭西的主導權概念，後來成為影響西方馬克思主義者分析批判當代高度發達的資本主義社會國家機器運作以及文化和意識型態問題的重要概念（強調其對於阿圖舍和波蘭扎斯的影響）。因此葛蘭西在整個西方馬克思主義的發展過程中具有奠基者的角色，在另一方面，葛蘭西也成為歐共主義（Eurocommunism）強調「以民主道路通往社會主義道路」的歷史理論根源（林賢治，1988:260-262）。

在列寧手中，馬克思思想被轉化成政治意識型態，列寧基本上是從工具性的角度去看待馬克思思想，而葛蘭西從策略性考慮面向去建構自己的國家論時，卻企圖從西方文明發展脈絡來為馬克思思想作歷史定位（林賢治，1988:265）。不過，在葛

蘭西的階級國家觀中，雖然強調對勞動階級從事「知識與道德改革」的重要性，但葛蘭西是希望以勞動階級的世界觀、文化來取代資產階級的世界觀和文化，這仍然落入「宰制與反宰制」的歷史循環中，而從這個角度看，有些研究者認為葛蘭西傾向於建立一元化的文化系統，這種傾向具有極權的意涵，因為如果要使這種一元化的文化系統落實的話，可能就必須以政治極權來配合。而葛蘭西雖然強調由勞動階級產生的知識份子對於提供勞動階級革命理論和策略的重要性，以有別於列寧精英主義政黨使勞動階級淪為工具的看法，但若依照葛蘭西的途徑實踐，也可能產生知識份子包辦革命事業的替代主義的現象，而且葛蘭西基本上預設了知識文化的力量可以轉化為政治的力量，這在實踐上，很容易就是承認知識份子取代群眾、包辦社會主義革命運動是合理的。因此葛蘭西的國家和政黨觀似乎並沒有脫離列寧的精英主義和替代主義色彩。此外，葛蘭西在論述資產階級如何通過對主導權的掌握來控制支配勞動階級的意識思想時，卻預設勞動階級通過陣地戰進行反主導權的可能性，這似乎又承認當代西方社會的多元性，但葛蘭西在討論勞動階級進行反主導權，並建立自己主導權的過程卻似乎否定社會的多元性。而且，更重要的是，要使勞動階級從資產階級主導權籠罩下解放出來，葛蘭西似乎太過著重從知識理智這個層面來論述，事實上，人之所以接納、同意某種意識型態，或某種立場或看法，是在種種超越知識理智的複雜心理動機（如功利的動機、自衛的動機等）的促動下來進行的。在這個關鍵點上，葛蘭西的反主導權以及建立新主導權的論述，必須接受更進一步的社會心理學的補充。

第三節　阿圖舍論階級與國家

對於馬克思主義的國家觀的討論，阿圖舍以及波蘭扎斯的論點是值得注意的，因為其提供了一條新的理解途徑，而且引起廣泛的爭論。

基本上，米立班所詮釋的馬克思主義國家觀是一種工具主義的國家觀，而阿圖舍和波蘭扎斯所詮釋的馬克思主義國家觀是「結構主義」的國家論，他們總的認為，資本主義國家的職能是由國家政治結構與其他結構的關係中產生出來的，而且受這種結構和關係的制約。

阿圖舍的國家理論是扣緊對意識型態概念的討論。阿圖舍基本上並沒有從貶抑的角度去討論意識型態，而是從結構功能性的角度去討論意識型態與人和社會的關係。他認為，一般把意識型態視為某種形式的意識或某領域的理念是錯誤的，意識型態並不是一套扭曲社會現實的概念組合，它事實上表達了人們與他們生活世界的關係。任何一個社會都需要以意識型態作為手段來組織其成員，並且改變其成員適應環繞在他們四周的生存條件。

阿圖舍基本上是從兩方面來解釋意識型態。第一個部分牽涉到「意識型態國家機器」（ideological state apparatuses）這個概念。而這個概念是對應於社會再生產，因為為了在社會中生產，必須再生產生產的條件。而這就牽涉到再生產生產手段、勞動力以及生產關係。所謂再生產勞動力就是使勞動者能夠繼續勝任在複雜的生產過程中工作，亦即所謂再生產勞動力就是

提供勞動者知識技術和訓練，以及服從認同既存秩序中的規則。阿圖舍強調：

> 如果將這些觀點說得更科學點，我將會強調，勞動力的再生產不只是要求一種技術的再生產，而且同時，也是一種讓勞動力對於既存秩序中規則的服從的再生產，亦即是一種要求勞動者對於統治性意識型態之服從的再生產。（Althusser, 1971:127-128）

換句話說，所謂勞動力的再生產，就是要保證勞動者**繼續**屈服於統治性的意識型態之下，並且以這套意識型態的運作作爲生活的背景，而且，事實上，只有在意識型態屈從的形式的制約下，才能保證勞動力的技術的再生產。這樣一來，勞動力的再生產就會要求生產關係的再生產。

阿圖舍這樣的論點，基本上與傳統的經濟決定論的社會觀有所不同。他認爲馬克思把社會結構是由下層建築和上層建築兩層共同建構起來的，這是一種隱喻的說法：

> 很容易看清楚的是，將每個社會的結構看成是一棟大廈，包括一個地基（下層建築），上面豎立了兩「層」上層建築，這是一種隱喻，說得更精確點，就是一種空間性的隱喻：一種地形學的隱喻。（Althusser, 1971:129）

馬克思作這樣的隱喻，當然在顯示社會的上層建築是要以下層建築爲基礎的，而其主要目的，就是在強調下層建築這個地基是決定整個社會（大廈）之所以存在的最終極因素，但阿圖舍認爲，馬克思並沒有忽略上層建築的相對自主性，馬克思事實上注意到上層建築與下層建築之間的相互作用。

阿圖舍認為，生產關係的再生產是透過國家機器中的國家權力的運作來保證的。而從馬克思和列寧的傳統觀點看來，國家很清楚的是被認為是統治階級進行壓制的機器：

> 國家被當作是一種壓制的「機器」，使得統治階級（在19世紀是資產階級和大地主「階級」）能確立他們對勞動階級的支配，從而使前者能使後者屈服在剩餘價值剝削的過程中（亦即，屈服在資本家的剝削下）。（Althusser, 1971:13）

國家首先被看成是壓制的機器，這在馬克思主義著作中（從馬克思到列寧）表現得很清楚。而阿圖舍認為，事實上，馬克思主義的著作將國家看成比這樣一個定義更為複雜的實體。如果順著上述這種定義延伸下去，那麼組成國家的機器就是壓制性的機器，但是事實上在國家中，不只存在著壓制性的國家機器（repressive state apparatus），而且也存在著意識型態的國家機器（Althusser, 1971:136-137）：

> 什麼是意識型態的國家機器（簡稱ISA）？
> 他們必須不可以與（壓制性）國家機器混淆在一起。我們要記住，在馬克思主義理論中，國家機器包括：政府、行政體系、軍隊、警察、法院、監獄等，這些都是構成我在將來稱之為壓制性國家機器的組成因素。
> ……現在我們可以將以下的制度視為意識型態的國家機器（我所列舉的順序並無特殊的意涵）：
> ——宗教的ISA（多種不同教會的體系）
> ——教育的ISA（各種不同公私立學校的體系）

——家庭的ISA

——法律的ISA

——政治的ISA（政治體系，包括不同政黨）

——工會的ISA

——傳播媒體的ISA（報章雜誌、收音機和電視等）

——文化的ISA（文學、藝術、娛樂等）

　　壓制性國家機器與意識型態的國家機器有所不同，前者主要是通過暴力強制來體現其功能，而後者主要是通過意識型態來體現其功能。不過，這種區分會讓人有楚河漢界壁壘分明的感覺，事實上，說得更實在點應該是，壓制性的國家機器首先是通過壓制，其次是通過意識型態產生功能；而同樣的，意識型態國家機器首先是通過意識型態，其次是通過強制產生功能，兩種國家機器具有相互作用的關係，阿圖舍強調：

　　　　依照我的認知，如果沒有同時將主導權施展於國家意識型態機器之上，並掌握其中的主導權，沒有階級能夠長期的掌握國家權力……。最後這樣的註解使我們了解，意識型態國家機器或許不只是階級鬥爭的火刑柱，而且是階級鬥爭的基地，甚至時常是嚴酷的階級鬥爭的基地。（Althusser, 1971:139-140）

　　亦即，所有的國家機器是通過強制和意識型態雙方面產生功能的，所不同的是強制性國家機器主要通過強制，而意識型態國家機器主要通過意識型態產生功能，不過阿圖舍強調，強制性的國家機器形成一個有組織的整體，它的不同部分是被集中的置於一個權威核心的指揮之下，亦即是在擁有國家權力的

統治階級的代表的指揮之下。而意識型態國家則具有相對的自主性，雖然可以表示出資產階級和無產階級之間的衝突，不過，它們最終的結果是對資本主義的剝削關係的再生產。

　　意識型態國家機器既然主要是通過意識型態產生功能，那麼如果要對問題有進一步的理解，就必須對「意識型態」這個概念作進一步的澄清。阿圖舍認為，馬克思早就注意到意識型態鬥爭的問題，在早期時，馬克思把意識型態看成是宰制個人和社會團體心靈的理念，雖然馬克思在《德意志意識型態》中提供了有關意識型態的理論，但這個理論並不是馬克思主義的理論，而在《資本論》中，雖然有不少有關各種特殊的意識型態的理論的提示，但卻沒有建構與各種特殊的意識型態有關的理論。阿圖舍認為，各種特殊的意識型態有其歷史，基本上我們必須通過社會建構的歷史，以及與社會建構連結在一起的生產方式和階級鬥爭的歷史來了解各種特殊的意識型態。而阿圖舍認為，他是要建構一種具有普遍意涵的意識型態理論，但要這麼做就必須先對馬克思在《德意志意識型態》中所建構的意識型態理論先作一番澄清。阿圖舍認為，建構具有一般意涵的意識型態理論在於指出「意識型態是沒有歷史的」（idealogy has no history），而馬克思在建構意識型態理論時，也是認為意識型態沒有歷史。在《德意志意識型態》中，「意識型態被視為是一種純粹的幻想，純粹的夢想，亦即是根本不能存在的毫無價值的事物。所有的現實在意識型態之外」（Althusser, 1971:150）。而就因為如此，歷史也就在意識型態之外，因為所有的現實都是有關具體個人如何很實事求是的生產他們生存的現實，所有的歷史也都是具體的個人如何現實的生活的歷史。

　　強調意識型態沒有歷史，在阿圖舍看來，是一種純然否定

的論題，其意是指意識型態是一套毫無價值的東西，一套純粹的夢想，是對真實的歷史的一種上下顛倒的空洞蒼白的反映。阿圖舍強調，馬克思認為意識型態沒有歷史，並不是說在意識型態中沒有歷史，而是說意識型態沒有自己的歷史。阿圖舍認為，任何一種具有特性的意識型態都有它自己的歷史，而他想要從一種絕對實證的角度（不是像馬克思那樣的否定的角度）去指出具有普遍意涵的意識型態是沒有歷史的。亦即，意識型態是可以具有超歷史的，不會改變的形式的。

如果從上述的角度去看待意識型態，阿圖舍認為他可以以下列三個論題表達出意識型態的本質：

> 論題1：意識型態描寫出個人與他們真正存在條件的虛構的關係。（Althusser, 1971:153）
> 論題2：意識型態是種物質的存在。（Althusser, 1971:155）
> 論題3：意識型態使個人成為主體。（Althusser, 1971:160）

對於第一個論題，一般人的直接認知是，意識型態無法與現實相符合，但事實上，對於第一個論題的最好理解是，在意識型態中，人以一種想像的形式表達出真正的存在條件與他們自己的關係，亦即意識型態並不是表達現實，而是表達人與他們生存條件的關係，阿圖舍認為，「就是這種關係才真正是每一種對真實世界的意識型態的，亦即想像的表達的核心所在」（Althusser, 1971:154）。在意識型態中所表達的不是支配個人存在的真實關係，而是個人與他們生活其中的真實關係之間的想像關係：

所有意識型態在它們具有必然意涵的想像扭曲中，其
　　所表達的不是既存的生產關係（以及其他所有從生產關係
　　延伸出來的關係），而是個人與生產關係以及從生產關係
　　所延伸出來的種種關係之間的想像的關係。（Althusser,
　　1971:155）

　　關於第二個論題，阿圖舍認為，做為一套理念組合，它不
只是一些屬於精神層面的理念，而更是一套建制、一種很具體
的物質存在，意識型態的國家機器是每一種意識型態的體現：

　　　我現在要回到這個論題上：一種意識型態通常是存在
　　於一種機器，以及機器的運作之中。因此這種存在是物質
　　的。（Althusser, 1971:156）

　　意識型態是通過國家機器的運作而獲得體現的，意識型態
是一套具體的社會建制，而阿圖舍認為，所有的意識都具有將
具體個人建構成主體的功能，這就牽涉到上述的第三個命題。
意識型態的基本論題是具體的個人永遠是而且早已是歷史的主
體。但意識型態同時也要求個人轉而屈服在意識型態中的主體
（如神、資本和國家）之下。
　　從以上的論述可知，阿圖舍認為，意識型態作為一種結
構，是具有超越歷史的普遍意涵的，當然他也注意到與某歷史
階級中的社會建構，直接相關聯的特殊意識型態。而意識型態
在任何一個歷史階段中是存在某種機器以及機器的實踐中，所
以意識型態的存在是相當有形的具體存在，而所謂意識型態有
一種具體有形的存在就是說意識型態是在特殊的社會機器中獲
得體現的。意識型態要求個人為自己的行動負責，但同時要求

個人屈服在一種意識型態之下，換句話說，對任何意識型態而言，人必須臣服於意識型態之下，然後他才會成爲歷史主體，個人是通過對意識型態中所標榜的主體，如神、國家和資本等才能成爲主體的，亦即人按照意識型態國家機器的運作從事實踐，而後成爲主體，意識型態國家機器的設置代表著統治階級的勝利，使他們的意識型態得以被安置在機器之中，因此意識型態國家機器的設置代表著階級鬥爭火刑柱的設立。

而且，就阿圖舍而言，一個社會爲了繼續生產，就必須再生產勞動力，而所謂再生產勞動力不只是再生產技術，而且是對統治性意識型態或其運作的服從的再生產，更進一步說，在意識型態屈從的形式中，勞動力技術的再生產才成爲可能。事實上，勞動力的再生產會要求生產關係的再生產。按照卡諾宜的看法，「除了阿圖舍比葛蘭西更重視國家在再生產的重要角色外，阿圖舍的生產關係的再生產的概念幾乎就是等同於葛蘭西的主導權概念」（Carnoy, 1984:94）。生產關係的再生產是通過國家機器中國家權力的運作來保證的，阿圖舍認爲，國家雖然是建立在基礎之上，但國家本身的運作可以反過來影響基礎的運作。國家作爲一個壓制機器，會站在統治階級的利益的立場介入階級鬥爭中，亦即國家機器「可以使得統治階級確保他們對勞動階級的宰制，從而也可以使前者讓後者屈服於剩餘價值剝削的過程」（Althusser, 1971:137）。而國家機器包括壓制性國家機器和意識型態的國家機器兩種，前者完全是屬於公共範圍的，而且被統一成爲一個整體，而後者則具有多元性，並且很多是屬於私人的，但卻可以在統治性意識型態下獲得統一。一個階級如果不能掌握並且在意識型態國家機器中獲得主導權，是不可能長期掌握國家權力的，按照卡諾宜的看法，「阿

圖舍完全同意葛蘭西的看法，認爲沒有主導權的國家機器就是一個不能掌握長期權力的國家」（Carnoy, 1984:97）。就因爲阿圖舍採取與葛蘭西相同的看法，因此阿圖舍認爲，要爭奪國家權力不是通過暴力去爭奪壓制性的國家機器，而是通過發展一套與統治階級相反的意識型態，使其能夠說服被統治階級，打破統治階級的意識型態的主導權，對統治階級所掌握的壓制性國家機器形成包圍狀態，使其無法長久統治下去。

第六章

有關馬克思階級與階級衝突概念
之間關係的爭論與批評

第一節　階級意識與階級衝突

在馬克思的政治學中，對於衝突概念的探討是相當重要的一部分。就馬克思而言，社會衝突是結構性的階級互動的必然產物，它是伴隨著階級之間的宰制與被宰制而產生的，其目的是要改變階級的宰制與被宰制的關係，衝突是無法在以統治階級為主體的既有體制內獲得解決，唯有通過對整個社會的生產方式的改變，扭轉階級之間的宰制和被宰制的關係，才能解決社會衝突。

米立班在《馬克思主義與政治學》一書中認為，宰制與衝突是內在於階級社會之中的，基本上受該社會特殊的生產方式的制約，儘管階級社會中的衝突會以不同形式，如種族的、宗教的、地域性的形式表現出來，但是這些衝突直接間接都是從階級衝突延伸出來的，或與階級衝突有關，就馬克思來看，儘管衝突的當事者或主角會因歷史階段的不同而呈現多樣化，但基本上都可以以「壓迫者和被壓迫者」的衝突來加以理解（Miliband, 1977:18-19）。

為什麼社會衝突都可以用「壓迫者和被壓迫者」的衝突來理解？米立班指出，因為按照馬克思的理解，社會衝突基本上都是因為一方面統治階級儘可能的想剝削被統治階級的勞力，而另一方面被統治階級則企圖改變甚至終止他們被剝削的情況；就資本主義社會而言，社會衝突的產生就因為資本的所有者和控制者儘可能的想去剝削無產者的剩餘價值，而勞動者則想要減低這種剝削或終止整個資本主義體系的運作（Miliband,

1977:19-20）。亦即就馬克思而言，社會衝突是在階級宰制與反宰制過程中表現出來，階級宰制分析地講有經濟的、政治的和文化的等不同的卻相關聯的面向，但階級宰制不可能是純經濟或純文化的，而必然會具有政治的意涵以及政治的內容，經濟和文化的宰制通過政治的宰制獲得確保（Miliband, 1977:20）。我們如果從米立班的這種理解出發，我們可以說，馬克思所謂的階級的衝突分析地講應該也有經濟的、政治的和文化的等不同的但卻相關聯的面向，經濟的衝突是基本的衝突，但會通過政治的衝突來進行，而文化衝突是為政治衝突奠立合理化的基礎。

　　如果把社會階級的衝突從「壓迫者和被壓迫者」的衝突來理解，馬克思似乎就有將階級衝突簡單化的傾向，如果再按照《共產黨宣言》來看，馬克思認為資本主義社會分成資產階級和無產階級兩大對立的階級，馬克思似乎也是把資本主義社會的衝突看成是資產階級和無產階級的衝突，而忽略介於這兩個階級之間的中間階級的作用和社會角色，米立班認為，要解釋這個問題必須對馬克思的勞動階級這個概念加以說明。馬克思通常將勞動階級與無產階級一起使用，因為無產階級如果要活下去必須出賣勞力，成為勞動者。按照馬克思的看法，勞動者除非能將自己組成政治性的組織，否則不算是一個階級；而且勞動者必須自覺的意識到自己階級的利益，勞動者才會成為自為階級，否則事實上只算是群眾。因此，很明顯的，馬克思認為，勞動者要成為自為階級，有客觀的因素——社會的經濟情境，使勞動者具有共同的處境和利益，也有主觀的因素，勞動者必須要自覺的意識到自己屬於同一階級，有共同的利益，並且願意透過政治鬥爭來爭取階級的利益（Miliband, 1977:22-

23）。

　　到底勞動階級包括哪些人呢？米立班認為，這首先可以從客觀層面的因素來加以了解。在資本主義私有制和僱傭關係的運作下，所有生產剩餘價值、可以擴大資本家資本的勞動者，如工廠企業的工資勞動者以及作家，都屬於勞動階級的組成份子。但是，這樣了解基本上也有問題，因為那些在資本家的工廠企業支領薪水的經理人員、高階的行政人員到底應不應該被看成是勞動階級就是一個大問題，馬克思在《資本論》中為了解決這個問題，曾經特別強調只有工廠企業中低級的支領薪水的勞動者才算是勞動階級，但這樣的說明，仍然無法解決問題，因為到底低級的標準如何訂定，就是一個大問題，不過，米立班指出，從馬克思的著作，其所謂的勞動階級應該指的是，工業的工資勞動者、工廠的工人（Miliband, 1977:24-25）。

　　另外，馬克思也經常提到小資產階級（petty bourgeoisie）──如商店老闆、小商人、小農人、技工、自己開業的技術工人──這個階級夠不上資產階級的水平，但又尚未無產階級化。米立班認為，小資產階級並不包括軍人和警察人員，這些國家聘僱的人員既不是小資產階級也不是無產階級，他們另外成為一個階級（Miliband, 1977:20）。

　　說明了馬克思所謂的無產階級和小資產階級，米立班認為，必須進一步說明馬克思所謂的資產階級。對馬克思而言，資產階級指的是擁有和控制生產手段和一般經濟活動手段的階級。這個階級事實上是一個（異質性）很大的階級，其中有不同的因素或分派，雖然資本主義的發展可以使不同形式的資本之間有更大的相互關聯性，但卻不能消除它們之間的差別。馬克思的「資產階級」這個概念，面臨的另一個大問題是，到底

以什麼分剖點將資產階級和小資產階級分別開來，亦即馬克思並沒有辦法提出一個確定的回答，指出到底什麼樣的人是屬於資產階級，此外，在資本主義社會中，逐漸增多的管理人員擁有生產手段的控制權，這些人到底算不算資產階級也是一個問題（Miliband, 1977:26-27）。

階級鬥爭是在國家範圍內進行的，因此，米立班認為，國家在階級鬥爭中所扮演的角色就成為馬克思主義政治學中的主要課題。當然，在另一方面，也必須注意到在「國際化」過程中，階級鬥爭形式的發展與變化（Miliband, 1977:28）。

討論到階級鬥爭，米立班認為，底下這兩個問題也是值得注意的（Miliband, 1977:28-29）：

1. 所謂階級鬥爭，事實上只是比喻性的說法，因為作為社會實體，階級並不直接進入衝突之中，直接進行戰鬥，而只是其中的組成因素，亦即一些人群集團在進行衝突。

2. 階級之間的對立，可以以許多不同方式表現出來，並且有許多不同層次的強度和範圍。我們很難用「經濟的」、「意識型態的」、「政治的」這些純粹的標籤來說明衝突的方式，而事實上，在階級衝突中的任何事件，不管大小，都體現了人們各層次的社會生活。

另外，在討論到階級鬥爭時，馬克思的階級意識這個概念是必須要被討論的，因為馬克思除了涉及到自發性的階級鬥爭外，還著重自覺性的階級鬥爭。米立班認為，馬克思指出，階級意識指的是階級的成員對於階級的真正利益的一種了解。在此，所謂真正利益這個概念必須進一步加以說明。在任何一個

社會，統治階級的眞正利益就是維持其地位和權力，因此其階級意識很容易形成，而就以資本主義社會而言，資產階級的眞正利益就是維持和捍衛資本主義，因此資產階級的階級意識也就很容易形成，米立班認爲，如果從這個角度來看，任何一個社會的統治階級都是最有階級意識的階級（Miliband, 1977:31）；不過，米立班認爲，很清楚的意識到階級的眞正利益，並不表示階級就能眞正去捍衛這些眞正利益。

另外，米立班強調，馬克思認爲，統治階級也會形成錯誤意識，因爲其宣稱並相信統治階級的利益具有普遍性而且超階級性，而當統治階級賦予這種錯誤意識普遍化和理想形式，就形成一套會錯誤地表述社會現實的意識型態，在此，就出現一個問題，以上馬克思對於統治階級（包括資產階級）的批評爲何不能被應用來批評勞動階級，因爲勞動階級也被認爲以及宣稱爲是一個普遍階級。馬克思對於這個問題的回答是，勞動階級作爲一個普遍階級「並不只是因爲其占人口的大多數，而是它是歷史中唯一不曾將利益和幸福建立在對其他階級壓制和剝削之上的階級」（Miliband, 1977:33）。勞動階級的鬥爭和革命運動之所以代表整個社會，乃因爲這個運動會消除阻礙人類社會最大障礙的資本主義生產方式，因此，這種運動是爲全人類的未來利益和幸福在運動。

既然勞動階級是作爲一個普遍階級而存在，那麼勞動階級的階級意識，其特性如何？米立班認爲，勞動階級的階級意識是指對勞動階級的解放和整個資本主義社會解放進而要求推翻資本主義的了解，「從這個意義來看，無產階級的階級意識也就是革命的意識」（Miliband, 1977:33），對馬克思而言，這樣的階級意識是對於資本主義社會秩序本質以及因應這種本質應

該如何做的了解，這種了解自然包括許多不確定性和張力，但這樣並不會減低這種階級意識要改變資本主義社會的革命性。

而接下來一個重要問題是：是否只有勞動階級才會有這樣革命性的階級意識？米立班認為，馬克思在《共產黨宣言》中曾指出，一些進步的資產階級思想家也會有這種階級意識，並將其具體化成為理論（Miliband, 1977:36）。除了上述這個問題外，另外，重要問題是：為什麼勞動階級就應該有革命性的階級意識？為什麼勞動階級不能拒絕革命，追求改革？為何資產階級就不能解放整個資本主義社會？馬克思從早期就認為，勞動階級注定要成為革命階級，「因為革命是它（按：勞動階級）從既存的社會加諸於其上的剝削、壓榨和異化釋放出來的唯一手段」（Miliband, 1977:39）。勞動階級這樣的歷史角色是由資本主義的性質以及資本主義加諸於勞動階級和整體社會之上的具體條件所決定的（Miliband, 1977:39）。馬克思從這個角度來說明勞動階級的歷史角色，有人可能會認為馬克思低估了資本主義的改革能力，但是，馬克思認為，儘管資本主義會進行許多不同形式的改革，但卻不能消除剝削、壓榨和非人化的現象（Miliband, 1977:39）。

另外，有些人認為，勞動階級可能根本發展不出階級意識，而且也沒辦法將自己轉變成革命的階級。米立班認為，這種看法基本上是將革命意識與革命意志等同起來，沒有革命的意志就沒有革命意識，但事實上，就馬克思看來，革命的意志是革命意識延伸的最終狀態，勞動階級形成階級意識之後會進一步要使資本主義社會徹底的改變（Miliband, 1977:39-41）。勞動階級的階級意識發展成為革命的意志是絕對有可能，而且是合理的。馬克思很清楚的了解，勞動階級要形成階級意識，必

須克服很多的障礙，而且必須克服一些常識所造成的迷霧，不過，他認爲，勞動階級會形成階級意識。不過，列寧就不像馬克思，他認爲，勞動階級充其量只會形成工會意識，但不會形成消滅私有權、推翻資本主義社會的革命意識（Miliband, 1977:40-41）。

　　米立班強調勞動階級階級意識對於勞動階級從事革命的重要性，這與一般，尤其是第二國際著重從經濟因素來說明勞動階級的革命是有所不同的。而20世紀的人類歷史向馬克思階級鬥爭和革命理論提出了嚴肅的問題：在西方國家中並沒有發生勞動階級（或無產階級）的革命。這個問題成爲西方馬克思主義（Western Marxism）[1]想要分析的重要問題。而盧卡奇在其《歷史與階級意識》一書中認爲，20世紀的西方資本主義社會之所以沒有發生無產階級的革命，是因爲無產階級缺少革命性的階級意識——亦即無產階級並沒有形成革命意識。無產階級在資產階級意識型態框架的籠罩下，來從事思想和行爲，亦即無產階級的意識是一種錯誤的意識，而並不是一種對於自己階級眞正利益的了解，從而也就沒有形成一種要推翻資本主義社會的革命性的階級意識。要無產階級能夠進行革命，首先必須無產階級形成階級意識，並且將階級意識具體化爲意識型態。在無產階級革命問題上，盧卡奇將階級意識和意識型態置於一個相當顯著的位置，強調其對於無產階級革命實踐的重要性。盧卡奇認爲：「革命的命運（從而是人類的命運）端賴無產階級意識型態的成熟，亦即它的階級意識的成熟。」（Lukács,

[1]此處西方馬克思主義（Western Marxism）是與古典馬克思主義相對應的，請參閱第五章註2所揭各書。

1971:70）而無產階級必須在權力和意識型態雙方面同時獲得勝利，才算是在階級鬥爭中獲得勝利，「無產階級成為階級鬥爭的勝利者不只是在權力層面，同時也在爭取社會意識的戰鬥方面」（Lukács, 1971:228），階級意識的形成、意識型態的建構，對於無產階級來說既是目標也是手段，「意識型態對於無產階級而言既不是無產階級跟著它要去戰鬥的旗幟，也不是無產階級真正目標的外殼：它本身就是無產階級的目標和武器」（Lukács, 1971:70）。無產階級雖然面對資產階級巨大經濟力量、政治力量和物質力量的壓力，但更面對巨大的精神力量的壓力，「因為儘管在個別的場合中，社會所採取的強迫手段通常是很強硬、很慘忍、很具體，但是每個社會的力量最終都是一種精神力量」（Lukács, 1971:262）。無產階級革命的成功，除了掌握權力外，就是要獲得意識型態的勝利。

第二節　階級衝突的方式

　　馬克思基本上是從革命取向來論述階級衝突和鬥爭，將階級衝突和鬥爭視為階級革命的前奏，從而具有緊密的聯絡關係。紀登士認為，在馬克思這種革命取向的階級衝突觀中，日常在工作場中的階級鬥爭就被忽略了，事實上，這種鬥爭與階級革命通常並沒有必然的關係。而就如紀登士所認為的，在資本主義社會中，工作場中的階級衝突和鬥爭是司空見慣的事情，它們是促成資本主義社會內在改變的主要中介橋樑。這種鬥爭是環繞著勞動者無法控制生產過剩或處理自己的勞動產品以及雇主要求勞動者在工作場中嚴格的紀律所導致的。事實

上，不少非馬克思主義的研究者，經常都是從功能主義的角度來探討資本主義社會中，上述這種階級衝突和鬥爭與社會變遷的關係。

事實上，就馬克思而言，勞動階級和資產階級在工作場中的衝突和鬥爭是必須被納入在客觀的私有制和僱傭關係運作下所導致的資產階級和勞動階級的結構性利益對立和鬥爭之中來了解。就馬克思看來，社會衝突是社會結構性運作的結果，而在資本主義社會中，無產階級和資產階級的衝突和鬥爭就是資本主義社會結構性運作的結果。馬克思把統治階級和被統治階級，亦即壓迫階級和被壓迫階級的利益衝突和鬥爭當作是每個社會具支配力的衝突和鬥爭，這兩個階級就是資本主義社會中的統治（壓迫）階級和被統治（被壓迫）階級。亦即，馬克思是採取「兩階級模式」來分析社會衝突和鬥爭。而如果我們按照馬克思這種看法作進一步的推論，達倫道夫認爲我們可以得出這樣的觀點：

> 假使社會衝突會影響變遷，而且假使他們是社會結構產生出來的，那麼假設在任何一種衝突中都會牽涉兩種利益的對立就是合理的，其中一方企求變遷，而另一方則支持現狀，……，在每種衝突中，一方會攻擊而另一方會防衛。（Dahrendorf, 1959:126）

從這種推論再反過來看馬克思的「兩階級模式」，應該是比較能夠理解的。馬克思認爲，所有社會的衝突和結構變遷都可以從社會中兩大階級的利益對立來加以解釋。而在資本主義社會中，無產階級和資產階級的衝突所導致的鬥爭，到達最高點，就會成爲全面的改革。達倫道夫認爲，對於馬克思而言，

社會變遷是具有革命性的，而且只要社會是階級社會，社會結構的變遷通常而且必然是具有革命性的，只有在沒有階級和階級衝突的情況下，社會進化才不再是政治革命。而從這個角度來看，反過來就可以說沒有革命就沒有變遷，這顯然無法說明人類社會現實的發展過程（Dahrendorf, 1959:131）。達倫道夫認為，階級衝突並不必然會循著一個不可避免的激化的過程導致革命爆發，而且，在另一方面，儘管結構模型的建立是對社會變遷進行系統分析的一個先決條件，但我們不能認為結構模型是統一的實體，而結構的變遷也不必要是「整體」（as a whole）的變遷。他認為，社會結構的變遷是持續不斷的，「只有假設結構變遷是到處存在的，而且是社會結構的一種組成因素，我們才能擺脫社會變遷通常具有革命性這種假設的束縛」（Dahrendorf, 1959:132）。而如果不把社會變遷局限在革命之上，並將其視為社會結構的組成因素的話，那麼也就不再必要堅持階級衝突與革命之間具有直接的關係。

　　就以資本主義社會而言，馬克思認為，無產者經過與資本家不斷的衝突鬥爭，會形成有組織的階級，而這樣的階級與資產階級的鬥爭發展到最高點，就會爆發革命，影響資本主義社會的結構變遷，達倫道夫認為，馬克思這種看法，基本上就是認為只有革命環節，有組織的無產階級才會影響社會結構的變遷，「這樣一來就變成所有在革命之前所發生的事情僅僅只是為革命預作準備而已，而在革命之後，舊社會的階級就會解體」（Dahrendorf, 1959:133）。馬克思所認為的階級衝突直線激化的「必然性」觀念是必須重新被反省的，達倫道夫認為，事實上，階級的相互關係是一個不斷調整的過程，激烈衝突後可能會有一段和諧時期，反過來，一段和諧時期之後可能會有一

段激烈衝突的時期，「根本沒有一般的規律可以決定階級之間衝突和鬥爭的走向；革命變動是不能被當作是階級衝突的『標準的』（normal）的目標以及最高點」（Dahrendorf, 1959:133）。

馬克思的階級理論的主要目的是要對內在的社會結構變遷的走向作系統性的分析。在馬克思看來，由結構所制約的利益衝突決定階級的互動，利益衝突到頭來一定導向兩大利益截然衝突的階級的存在。而這兩大階級的衝突不可避免的會以激烈的形式（階級鬥爭）來進行，到最後引發內戰。這種直接式的推論方式基本上缺乏充分的經驗研究的支持。事實上，達倫道夫認為，「像某種階級衝突制度化的現象的存在，就顯示一個『被壓迫』階級是能夠藉著討論和談判去影響社會變遷的」（Dahrendorf, 1959:134），亦即階級衝突並不一定會以內戰形式表現出來。

馬克思在討論階級衝突時，雖然注意到無產階級在未成為自為階級時，所進行的不成熟的鬥爭，但基本上，馬克思重視顯性的階級鬥爭，而沒有注意到隱性的（latent）或潛在的階級鬥爭。達倫道夫認為，很多實證顯示，「很明顯的衝突的階級可以因為許多原因，在短期或長期時間內休戰，和平共處而不必要投入公開的鬥爭中」（Dahrendorf, 1959:135）。例如在緊急狀況中，民族利益就會被置於階級利益對立之上，而使得階級之間暫時不從事直接公開的鬥爭。達倫道夫認為，當我們在批評馬克思的階級衝突觀時，必須注意階級衝突是指階級之間看得見的利益對立，不過，階級衝突可以以包括內戰、議會爭論、罷工或談判等多種方式來表現，如果堅持階級衝突必然採取激烈的內戰和階級鬥爭方式，那麼就會違背事實，階級衝突在某些情況下，會變得隱而不顯。階級衝突的方式和強度必須

通過實證研究來了解，而不能只從結構性的分析層面，直線地思考階級衝突的方式和衝突，從而得出階級衝突一定會不斷激化的結論（Dahrendorf, 1959:135-136）。

　　達倫道夫著重從實證研究出發，重新去反省馬克思的階級衝突觀，他基本上認為馬克思階級衝突直線激化會導致革命的爆發的看法是值得商榷的。筆者認為，馬克思從社會階級結構的分析，推出階級衝突會直接激化的看法，這有結構決定論的色彩。而在這種結構決定論中，馬克思似乎將革命前的社會整體結構看成是鐵板一塊，一直處在沒有變遷的狀態中，而只有當革命發生後才產生徹底的整體變遷，這種近乎「從0到1」的社會結構變遷觀，的確就像達倫道夫所說的，並不符合人類社會尤其是資本主義社會發展的事實。我們可以說，達倫道夫基本上強調，在階級非暴力的互動過程中是可以持續的導致資本主義社會的結構變遷。不過，米立班就認為，馬克思強調，資本主義社會再如何的持續變遷，都不會改變資產階級對無產階級剝削和壓榨的現象。

　　在另一方面，馬克思在論述無產階級通過衝突，形成階級意識並導致革命時，也有直線思考的色彩，基本上，馬克思的看法予人的感受是，無產階級形成階級意識後就會進一步有進行革命的意志和行動。事實上，整個資本主義社會的發展歷史顯示，無產階級和資產階級的互動並不必然會形成馬克思所認知的階級意識，並進而導致階級革命的爆發，列寧就很明白的指出無產階級和資產階級的互動頂多只會形成工會意識，而並不會形成革命意識。此外，馬克思也忽略資本主社會進行改變不斷地吸納無產階級認同，使無產階級融入資本主義社會，或躋身成為資產階級行列的可能性。

第七章

馬克思社會衝突論與
當代西方社會的關係

第一節　馬克思社會衝突論是否仍具有現代意涵？

　　馬克思的階級和階級衝突理論經過前述各章的分析批評後，基本上已經指出其理論邏輯上的意義和歷史的局限性，筆者認為有必要將其與當代高度發達的資本主義社會的發展情況，作一對比性的研究，以便能夠進一步看出馬克思階級和階級衝突理論的現實意涵及內在問題。

　　將馬克思的階級和階級衝突理論與當代高度發達的資本主義社會作對比性的研究，首先要面對的一個問題是，當代的西方社會仍然是一個階級社會嗎？或是當代的西方社會仍然有階級存在嗎？達倫道夫認為，這樣的問題可以被轉成更精確的方式：當代西方社會仍然有馬克思主義傳統階級理論意涵的利益集團（interest group）和準集團（quasi-groups）的存在嗎？他認為，「利益集團是指任何共有明顯的利益之有組織的個人集合體」（Dahrendorf, 1959:238）；而「準集團是指因為有同一的潛在利益而具有共同地位，但沒有組織的個人集合體」（Dahrendorf, 1959:237-238）。而在當代西方社會很明顯是有利益集團的存在，如工會、雇主聯盟、進步和保守的政黨等等都是，而他認為，只要有權威關係和統合性的結合（coordinated association）存在，就有準集團的存在，像國家機器、工業企業和教會等都是諸如此類的人群結合，因此我們可以說有潛在的利益衝突的準集團的存在。由此推之，達倫道夫認為，假如有利益集團和準集團的存在，那麼當代西方社會（達倫道夫將之稱為後資本主義社會）應該還是一個階級社會（Dahrendorf,

1959:246）。不過，這種回答方式很容易掉入套套邏輯
（tautology）之中，因為這種回答，可能先預設了一套階級理
論，然後再按照這套理論去認知當代西方社會的人群組合。達
倫道夫強調，只要有不平等的權威分配的現象存在，社會有社
會階級和階級衝突的存在，階級和權威關係具有理論和實際的
關聯性，而當代西方社會，不平等的權威分配現象在於各種統
合性的組合中（Dahrendorf, 1959:207），因此達倫道夫寧願繼
續主張當代西方社會仍然存在著階級。

　　將馬克思時代資本主義社會和當代西方社會對應起來討
論，達倫道夫認為，並不是在指出前者是階級社會而後者不
是，問題的核心所在應該是：指出兩者在階級形構、衝突條件
和模式的變化。不過，針對當代資本主義社會作為一個階級社
會來分析，很容易把包括馬克思在內的階級理論照搬來套在西
方社會之上，因此，必須批判性的應用階級理論。至於所謂當
代西方社會，達倫道夫指涉的是英、美和西德，他認為這三個
國家當然有其差異性，他所要關心的是一些具有普遍意涵的現
象（Dahrendorf, 1959:248）。

第二節　當代西方社會工業企業領域與「階級衝突」

　　工業企業的存在不管是在資本主義社會或後資本主義社會
都是相當主要的社會建制。達倫道夫認為，工業企業是一種統
合性的組合，而「只要有工業企業的存在，就會有權威關係、
潛在利益、準集團和（工業）階級的存在」（Dahrendorf,
1959:249）。當代工業企業將整個生產過程分成相當詳細的分工

過程，每一個部門對於完成整個生產都有其功能，而這些部門之間是通過上下從屬的權威關係被貫穿起來的；這樣的上下從屬權威關係基本上分成決策和執行兩大部門。但值得注意的是，這種權威關係並非只限於技術性的勞動層面，還包括聘僱、解聘、工資調升率等問題的運作。而工業企業既然存在權威結構，而且作為一個統合性的組合而存在，那麼順著這個權威系統中的支配和被支配地位而來的，就是兩個有某種潛在利益的衝突性的準集團的存在（Dahrendorf, 1959:251）。

有不少研究者認為工業企業中的管理和勞動集團的利益基本上是相同的，因此這兩大集團的關係是和諧的，並沒有任何衝突。達倫道夫認為，這種看法是企圖從整合理論（integration theory）來說明工業企業的運作，但這種分析途徑顯然是不夠的，我們更需要通過強制理論（coercion theory）來指出，在工業企業中不同權威地位的利益顯然是衝突的。而罷工的存在，使我們必須要假設在工業企業中，存在著由於不同權威分配所導致的潛在利益的衝突（Dahrendorf, 1959:251-252）。在工業企業中，存在著通過對既有權威關係的維持或變更以維繫或改變現狀的現象。

通常在工會與雇主之間的爭論中，雇主經常會說他們才是代表企業的完整利益，而工會則只代表部分的特殊利益，對這種論調的批評，基本上可以採取馬克思對於資產階級宣稱自己階級的利益是普遍利益的批評方式作為依據。工會與雇主的論爭和衝突中，事實上已經很明顯的顯示在工業中存在潛在利益的衝突。但是，達倫道夫指出，卻有兩種主要的意見反對這種論點。第一種看法是以無產階級的資產階級化（bourgeoisification）作為基礎，這種看法認為「工業工人的經

濟情境的改善，使得持續性的衝突的假設變得很不合理，而且事實上很沒意義，假如工人不再被認為是無產者，假如他們不再生活在貧困和壓抑中，他們就不再有理由去造他們雇主的反」（Dahrendorf, 1959:253）。達倫道夫認為，這種意見基本上是有問題的，因為階級衝突或集團衝突與經濟條件原則上是不相關的，因為衝突最根本地還是權威關係所導致的，亦即衝突是由於支配和被支配集團的分殊（differentiation）所導致的。即使每一個工人可以有車子、房子以及其他不錯的物質文明享受，但是工業的階級衝突根源是不會被消滅的；經濟需求的滿足並不會消除衝突的原因。只要權威關係和統合性組合存在，就會有社會衝突的存在，「因為正是權威的分配提供了它（衝突）發生的基礎和原因」（Dahrendorf, 1959:254）。第二種看法基本上認為，在工業企業中，經理人員已經取代資本家，這就已經取消了工業的階級衝突的基礎。達倫道夫認為，這種看法也是很脆弱的，因為所謂潛在利益是一種「準目的」（quasi-objective）式的角色期待，這些利益是通過地位（position）而不是人擁有的，亦即只有當人擁有某些地位，他們才有可能擁有這種利益。雖然，資本家和經理人員被徵召的方式有所不同，但他們在企業中的權威地位是同樣的，而且他們在利益衝突中的位置是一致的，因此，經理人員取代資本家並不會取消階級衝突，只不過是模式不同而已（Dahrendorf, 1959:254）。

在當代工業企業中，集團的劃分是很困難的，有時候很難一刀兩斷的將之劃分為支配和服從集團。達倫道夫指出，在工業企業中有兩個集團是值得特別注意的。其一是幕僚人員，以及包括法律、心理、工程、化學各方面的專家。有時，各類專家會被界定為經理人員的角色，而幕僚人員除了對其秘書和助

手有立即的權威外，其與權威界限的關聯性相當複雜，很難論斷。基本上，各類專家在企業中的地位就像知識份子在社會中的地位一樣，既不是指揮者也不是服從者，他們似乎游走於權力結構的邊緣，只有當他們被視為經理人員助手時，他們才算屬於企業的統治階級的邊際性部分（Dahrendorf, 1959:255）。另外，在工業企業中，諸如打字員、會計人員和領班人員這些白領勞動者仍然屬於服從性的集團，其地位與手工勞動者（manual worker）是相同的，而以經理人員為主體的官僚，可以將企業內的權威擁有者與服從者區分開來，但其是屬於企業的統治階級的成員，而且與統治階級有共同的潛在利益。達倫道夫強調，工業企業內部梯形的權威結構會產生潛在利益的衝突以及準集團的存在，因此仍然會有衝突的存在（Dahrendorf, 1959:256-257）。

不過，從當代西方社會工業企業的發展可以看出，由於階級衝突的制度化和工業民主的發展，工業衝突的強度和暴力程度已經減低很多，達倫道夫認為，「今天，工業衝突已被認為是工業生活的必然外貌」（Dahrendorf, 1959:257）。而工業衝突之所以會被接受而且將之納入制度的規範之中，最主要的關鍵是牽涉到「工業民主」（industrial democracy）的發展和確立，達倫道夫認為，工業民主的建立包含以下五種重要的因素：(1)衝突性利益集團本身的組織；(2)讓利益集團能以之為中介橋樑進行談判的議會談判機構的建立；(3)調停和仲裁制的建立；(4)個別企業中正式勞工代表制的確立；(5)傾向於建立使工人參與工業管理的制度（Dahrendorf, 1959:257）。由於工業民主的建立，工業衝突的強度已經減低很多，而且會限制在工業的範圍之內，不會溢出去支配整個社會的運作，亦即工業衝突通

過工業民主制度的建立被孤立在工業的範圍之內，不會影響社會其他範圍。在後資本主義社會中，工業與社會是分開的，不像資本主義社會那樣是結合在一起的（Dahrendorf, 1959:268）。在當代西方社會的企業中，有權威的統治階級只能支配工人生活中相當有限的部分，其對於工人的制裁必須以法律規範為依據，雇主喪失了在資本主義社會中所具有的「準政府」（quasi-governmental）的角色（相對於工人而言）（Dahrendorf, 1959:269）。

　　工業和工業衝突已經因為制度的建立而在社會中獲得穩定的明確位置，成為社會運作中的一個環節。工業在後資本主義社會中已經失去它原先所有的無所不包的社會價值。在後資本主義社會中，工業只是整個社會中的一個次級社會，它自己可以形成相當完整的結構單元，無須與其他結構單元和組合有所重疊。不過，達倫道夫指出，有不少人反對上述這種在後資本主義社會中制度性的工業孤立的看法（Dahrendorf, 1959:270-271）：

1.在當代西方社會中，人的生活更加的理性化、機械化，因而也更加的工業化；工業生產支配社會所有階層的消費、生活方式和標準。
2.工業和政治問題的關係比以前更加緊密，工業生產如果停止，整個社會都會明顯感受到它的後果，而且受其影響。
3.政府力量不斷介入和影響工業的運作。
4.工業和社會的統治階級間有相互關聯性的證據是相當多的。

爲了回答這些反對看法，達倫道夫認爲，首先必須將前述的制度性的工業孤立的看法轉化成一些更明確的特殊問題（Dahrendorf, 1959:271）：

　　1.在工業權威結構中的地位不再必然與在社會權威結構中的地位相一致。
　　2.在工業衝突中，不管是潛在利益或顯性利益都不再必然與政治衝突中的潛在或顯性利益相一致。工業利益的衝突畢竟是針對工業現狀的改變或維繫，不會觸及到社會現狀的維繫和改變。
　　3.工業中的支配和被支配階級不再是政治上對應階級的一部分。工業和社會中統治和被統治集團是分立的。
　　4.在工業和社會中的組合，各有其獨立的決定因素和機制。

　　達倫道夫通過這些命題相當堅定的認爲，在後資本主義社會中，工業企業中的衝突仍然存在，但這些衝突的效應局限在工業的制度範圍內，我們很難像馬克思那樣將工業中資本與工資勞動的對立再延伸爲資產階級和無產階級的對立。一個人在工業企業中的職業角色只能影響或決定這個人社會行爲的很有限的部分。工業衝突只是會將工業內部的參與者分成兩個敵對陣營，而不會使社會分成兩大對立的陣營。亦即，「工業衝突逐漸地變成純工業的衝突，而與一般的社會政治問題無涉」（Dahrendorf, 1959:247）。工業衝突，如罷工不再能夠立即直接的影響後資本主義社會的大眾，甚至在工業中某領域的罷工都不會影響其他領域中的工人，工業和社會是兩個分立的領域，在某一領域中的衝突不會導致另一領域的衝突。事實上，從此

角度觀之，工會與前進的政黨，如社會主義黨或勞動黨不再具有一致性，這也就是說，「事實上，工人政黨的觀念已經失去其政治意義」（Dahrendorf, 1959:275）。此外，事實上，工業和社會的利益團體也是各自分立的組織，工會要求政治的獨立自主性，有時會成為工會標榜的重要標的；工業和政治社會原則上可以形成兩個獨立的衝突陣線，在工業之外，經理人員可能是一位普通市民，而工人有可能成為國會議員，工業的階級地位不再能夠決定人們在政治社會中的權威地位，在工業領域中的資本階級（統治階級），不必然就是在社會中的統治階級，而工業領域中的工資勞動階級也不必然是社會中的被統治階級。

事實上，從歷史的發展可以看出，馬克思時代的資產階級已經分解成數種不同因素，如經理人員、單純的資本所有權以及財政資本家等，而勞動階級也因為收入、技術而分化。達倫道夫認為，這兩種階級的互動運作已因為企業中的官僚和白領工人這樣的新中間階層的出現而更趨複雜。但基本上，當代工業企業中最主要還是雇主與員工、企業家與工人、經理人員與勞動者這些準集團的存在。而目前這些準集團之間的衝突是可以透過溝通討論談判而非戰鬥來加以解決的。當然，除了衝突的制度外，工人生活水平的提高，也是促使暴力衝突逐漸縮小的相當重要的原因。達倫道夫認為，暴力的減少既是工業衝突制度化的因也是果。就因為勞動者的生活水平不斷提高，使得勞動者也不願輕易使現有生活水平被破壞，因此願意透過制度化的途徑，而非訴諸於暴力來解決衝突（Dahrendorf, 1959:277）。暴力減少或暴力強度的降低，是後資本主義社會工業衝突的主要特徵，而且工業衝突與社會衝突或政治衝突具有

相對的孤立性。在後資本主義社會的資本——經理與勞工的工業衝突比馬克思那個時代已經小得多。而這也是影響到整個工業結構變遷的方式，狂風暴雨式的激烈變遷甚至未出現，而是呈現一種漸進的點點滴滴的變遷，勞工的利益已經被工業企業所肯定接受並且成為制度結構的一部分。

當代西方社會工業衝突暴力減少或暴力強度降低能不能保證未來一定會一直如此？達倫道夫認為，我們並不能作出這樣的結論，他強調，他在上面所提出的觀點，都是預設一個民主的政治體系，萬一這樣的體系被摧毀，在工業的內外就會形成新的情況，而可能導致暴力的增加以及強度的增強。此外，他認為，在工會組織內部，弔詭的會出現不公平的權威分配現象，這可能導致一種新形式的衝突的出現，如西方社會經常有部分工會會員或工會分會未獲正式允許就參加罷工，這可能就說明工會內部已經有新形式的衝突的出現（Dahrendorf, 1959:279）。

第三節　當代西方社會政治領域與「階級衝突」

就馬克思來看，工業企業內部的衝突會被組織成政治的衝突，因此，我們如果要將馬克思的社會衝突論拿來與當代西方社會作對比性研究的話，那麼考察政治領域中的衝突情況就變得非常重要。而在考察政治領域時，國家機器就成為最應該關心的首要對象。

就達倫道夫看來，國家機器就像企業一樣也是有其權威關係結構，而且，國家機器也像教會、工會等一樣也是一種組

合，但國家與其他組合不同的地方，在於其「會員資格」是強加在它的領土範圍內的所有人身上，而且國家可以將責任義務強加在它的成員之上。不過，他認為，我們不能說在領土範圍內的人都屬於國家，「嚴格來說，政治國家的組合是一種角色的組織，⋯⋯，需要特別強調的重點是，在國家之中，就像在工業之中，權威的運作是通過某些擁有地位的人來進行的」（Dahrendorf, 1959:290）。但是，達倫道夫認為，我們不能因此得出，當代西方社會的政治權威已經完全非人格化（depersonalized）的結論，在後資本主義社會中，權威的運作還是由擁有權威地位的人來進行推動的，亦即其權威結構是由分別擁有指揮和服從地位的人所促成的。那些沒有擁有政治地位的人，基本上就不能參與政治權威的運作，他們僅僅是市民、國民或公民，不過，作為整個權威結構底層的人並不是完全被剝削權利，他們擁有投票權，並且為權威運作奠立合法性基礎，因此，一個民主國家的公民並不是完全沒有政治權力，但是他們卻不能透過權威性決策去對別人的生活機會實行規則性的支配控制，「一個民主國家的公民不是一個被壓迫階級，但他們是一個服從階級或準集團」（Dahrendorf, 1959:293）。另外，在國家領域內，三個古典的分支領域都有各自的權威，而且分別成為在支配領域中的準集團。國會（尤其是眾議院）議員，由於他們所擁有的地位，基本上是屬於政體中居於統治地位的準集團。不過，這並不是說，所有國會議員都擁有相同地位，真正屬於統治階級的是多數黨或組織聯合政府的黨派的議員，反對黨或在野黨的議員只有當他們同意多數黨的意見或說服多數黨同意他們意見時，他們才能表現權威，因此，他們並不必然屬於居統治地位的準集團。

至於國家機器中的司法系統人員，達倫道夫認爲，他們的權威只限在某些特殊的情境中，因此，他們也不能被視爲包含在居統治地位的準集團之內。當代西方社會的法律系統並不只是統治階級意識型態的化身而已，不能單純地被視爲屬於具有支配地位的集團的一部分（Dahrendorf, 1959:294）。至於國家的行政系統的人員是眞正具有政治權威的人，不過，達倫道夫認爲，作爲政治權威的工具和執行者的政治幕僚人員，不只是國家的行政系統有，就連立法和司法系統都有，這些人可以稱爲白領或新中間階級（new middle class），在這些白領階級或新中間階級中的有些人，如許多國家的國營鐵路工人、郵局員工、各級政府的職員以及其他公共事業的工作人員，都屬於居服從地位的準集團；不過國家機器中的白領階級或行政人員所構成的官僚組織與工業中的官僚組織不同，後者可以很清楚的分成支配和服從兩個準集團，其間的衝突很容易觀察和掌握，但是國家機器層級森嚴的（hierarchical）官僚組織卻沒有明顯的二元分化，其間的衝突也不容易觀察和掌握。國家機器中官僚的角色是在歷經層級（career hierarchy）中被界定的，而官僚角色結構間的張力是來自於被期望的機會受到挫折而產生的，因此，假如在官僚的經歷層級的由下至上的流動如果不暢通，出現重重障礙和關卡的話，那麼官僚角色結構中的張力就有可能導致社會衝突，亦即出現集團間的衝突（Dahrendorf, 1959:295-296）。

　　基本上，在國家機器中，官僚角色就是政治支配的角色，對他們角色的這樣的界定，應注意到官僚本身有某種潛在的利益：既有制度和有效價值的維繫。而且，更重要的是，在整個權威運作的過程，形成一個分工體系，這種分工會導致許多專

家地位的存在，而且出現任何人都似乎不能使權威運作，但權威卻是已經被運作了，這也就是說權威運作的過程形成一個層級森嚴的分工體系，而所有官僚的角色就是從他們與權威運作的整個過程的關係被界定的，權威運作是要分層級來體現的，但這不是說權威是可以分割的。達倫道夫認為，「官僚組織的本質使每一個人覺得雖然總是有些人在他之『下』，但也有其他人在他之『上』，所以他是『在中間』」（Dahrendorf, 1959:298）。

官僚是屬於統治階級，但官僚本身絕不是統治階級，達倫道夫認為，「官僚作為支配的一種媒介和工具，它是聽任任何掌握控制它的人的處置」（Dahrendorf, 1959:300），官僚是作為政治衝突中的常數而存在的，它伴隨掌握權力的集團而存在，而且支持這些團體。官僚本身的潛在利益是維繫現狀，但是這樣一種目標不是由官僚本身來決定，而是被給予的，官僚的權威是「借來的」（borrowed）或被授予的，權威沒有官僚的支配是不可能的，而只有官僚也不可能有支配現象的存在，官僚的角色和權威端賴在其之上的力量的賦予（Dahrendorf, 1959:300）。達倫道夫認為，官僚角色是一種支配角色，它雖然屬於統治階級，但是做為一種權威的後備軍（reserve army）而存在的，它是階級衝突的傭兵，「它經常處在戰鬥中，但是它被迫要為不斷變動的主人和目標而服務」（Dahrendorf, 1959:301）。既然官僚只是屬於統治階級，本身不是統治階級，那麼到底哪些人形成當代西方社會的統治階級？達倫道夫認為，事實上，統治階級很明顯的包括官僚層級的領袖，可以指揮行政幕僚的人。而所謂官僚層級的領袖包括國家機器中立法、行政、司法三個主要系統的領袖，這些領袖位於整個金字

塔型權威結構的頂端。只從政府的精英來認定統治階級是不充分的，但是首先將他們列為統治階級是絕對必要的。不過，透過政府精英只能提供統治階級或具有支配性的衝突集團的不完整的描述。政府只是統治階級的代表者，但不是統治階級的整體。達倫道夫認為，如果比較簡要的講，後資本主義社會包括國家的行政幕僚、在行政幕僚頂端的政府精英，以及由政府精英所代表的黨派（Dahrendorf, 1959:301-303）。

　　所有的現代社會都有官僚和政府，但是在政府背後的黨派性質就有很大不同。達倫道夫指出，其中一個極端是，基本上以黨國一元化的形式，由黨控制政府的所有職位和工具，黨成為政府徵召人才的主要來源。因此，政府精英是一個同質性很高，而且有組織的實體。而在另一個極端，就是政府精英並沒有辦法形成一個穩定、有組織的準集團，而政黨本身是有異質性的，整個社會分裂出許多組織，其中的反對團體能對政府產生巨大的制約力。在這樣一個極端中，統治階級包含兩個常數──官僚和政府──以及一個變數，即反對集團，反對集團的聲稱會被納入政府決策之中，而服從階級則指那些在既存情境中沒有與政府結合在一起的人（Dahrendorf, 1959:305）。

　　以上這兩種極端的形式，都是理想形式，並不能描述既存的當代西方社會的情況。達倫道夫指出，就以當代極權國家中的黨而言，並不是一個同質的實體，其內部存在代表不同利益的次級集團。不過這些集團在既存秩序本身受到威脅時，大部分都會放棄他們的不同，以便去維護現狀（Dahrendorf, 1959:305）。而當代西方國家，統治階級的組合是隨情況而改變的，因為政黨會在選舉中被選票所擊敗。在這些國家中，統治階級中比較穩定的因素就是國家的官僚。就達倫道夫看來，當

代西方社會的政府時常僅僅是權威的轉運站，決策並不是由他們而是透過他們來決定。而當某個黨執政時，統治階級就包括四個組成部分：官僚、政府精英、多數黨以及這個黨所喜歡的反對團體。而當這個黨不執政時，它所喜歡的反對團體就變成代表服從階級利益的防禦性團體。達倫道夫指出，事實上在後資本主義社會中，統治階級或居統治地位的準集團的組成因素是各個國家；而且在每次選舉之後都不同的，統治階級的組合端看哪個黨執政以及這個黨喜歡什麼樣的反對團體。從這個角度來看，政治衝突往往是情境式的衝突（situational conflict），會隨黨派輪流執政的情況而改變，而這些政治衝突基本上發生在每個階級，處在權威結構之內與之外的團體之間。而如果一個黨長期執政，那麼政治衝突的暴力以及暴力的強度就會不斷升高，因為在這種一黨長期執政的情況下，某些利益或反對團體可能會一直受到忽硯。而如果不斷有政黨輪流更迭執政的情形，政治衝突就會比較緩和而且也只是「情境式」的（situational）而已，因為在這種輪流執政的轉變過程中，所有不同的利益和反對團體，都可能被注意到（Dahrendorf, 1959:307）。

在當代西方後資本主義社會，有很明顯的使政治衝突制度化的現象存在，在這種現象的制約下，到底有哪些因素會影響政治衝突的暴力和強度的高低，就成為一個值得關切的問題。而且，政治衝突會不會導致結構的變遷，這種變遷是不是一種疾風暴雨式的劇烈變遷？達倫道夫認為，在當代西方社會，衝突性的黨派和利益可以透過制度的運作獲得確認，國會成為黨派間談判妥協和解的地方，而且包括憲法以及其他各種法律程序的規範讓有不同衝突性利益的黨派或團體之間有遊戲規則可

循，這些遊戲規則可以對國會已無法調停的爭論進行仲裁，此外，國家的領袖也可扮演調節者的角色（Dahrendorf, 1959:308）。在上述這些條件的影響下，政治衝突的暴力性可望減小或消失，而且社會變遷也是和風細雨式的。達倫道夫認為，黨派輪流執政這在古代王朝封建時代，就算是改朝換代，那為什麼目前在當代西方社會卻不會產生疾風暴雨式的激烈變遷？其原因有以下數點：(1)不管政治權力如何更迭，都不會影響被朝野雙方黨派所共認的遊戲規則的存在和運作；(2)遊戲規則使所有黨派都能有合法的期望，希望自己在未來能夠執政；(3)行政幕僚體系使當代西方民主國家能穩定地度過權力的更迭和轉移。這些因素幫助消弭政治衝突的暴力性，而且使得社會發展變遷呈現漸進的面貌（Dahrendorf, 1959:308-309）。不過，達倫道夫指出，在黨派輪流更迭的過程中，國家的官僚體系並不需要隨著改變，這可能形成一種惰性因素，將現狀凍結起來，使得所有黨派和反對團體都無法體現他們的利益，這有可能使得服從階級企圖改變既存系統和遊戲規則。此外，在當代西方社會，有些政黨長期以來一直受到相當程度選民的支持，但卻一直無法執政，幾乎變成一個萬年少數黨，這可能使得這個政黨逐漸的疏離既存的體系，甚至有可能變得越來越激進，企圖將暴力因素帶入政治衝突中，以便使既有的支配地位獲得急速的改變（Dahrendorf, 1959:309-310）。再而，達倫道夫認為，儘管政黨在不斷輪流執政，儘管各個政黨各自宣稱代表什麼集團或階級，但是對許多人而言，總是一些少數的精英在輪流掌權，統治階級變成是不同甚至是衝突的黨派組織中少數精英的聯合體，這些少數精英與各自的黨派組織成員發生嚴重的疏離現象，因此，相對於這些少數精英，廣大的群眾都變成是

服從階級，他們邁向權威之路幾乎已經都被堵死。在這種情況下，廣大群眾可能都會宣稱他們才是自己利益的真正代表者，而要體現他們的利益，就必須毀除既有的體系，這樣一來，就可能導致暴力衝突的升高（Dahrendorf, 1959:301-311）。

與當代民主國家相對的，是所謂極權國家，這樣的國家被認為是不承認政治衝突的合法性，而且能有效強力的鎮壓所有的衝突。達倫道夫認為，這種看法是值得商榷的，因為這種看法以為確實有只依賴強制力而存在的政治系統，而事實上強制以及對不承認衝突的合法性，只不過是極權國家的複雜現實中一些可看得見的層面而已。就以共黨統治的國家為例，統治者和被統治者的分野很清楚，黨的力量可以介入社會各個次級系統的運作，被統治者無法組織自己，因為沒有結社自由，「所以無論衝突在哪裡存在必然會被迫以潛藏或暗流的方式來進行」（Dahrendorf, 1959:312）。甚至就算這些國家的統治者提供被統治者的表達管道，但是在所有會議中的討論，並不是真正在討論事情，「這些討論，事實上，並不能為自由交換理念提供機會」（Dahrendorf, 1959:312），這些討論只不過是統治者用以顯示被統治者「願意自動合作」（voluntary cooperation）的招數而已。當然，在共黨統治的極權國家中，會議和討論也成為黨內或政治領域內部衝突的管道（Dahrendorf, 1959:312-313）。此外，在極權國家之中，政治整肅是很重要的機制，整肅不只是個人或集團競爭的表現，而且就像民主國家中的選舉一樣可以牽扯到政府精英的更迭，以及政策的轉換。達倫道夫認為，極權國家對衝突的強力鎮壓，並不能真正有助於對政治衝突的控制，反而使極權國家一直存在著潛在的暴力衝突的暗流，這使得極權國家會陷入被暴力推翻的危險中。

對衝突規範方式的不同，建構了民主和極權政治體系最重要的特徵。自由社會允許鼓勵多樣性的存在，衝突成為表現自由的生命氣息；極權社會堅持一致性，社會衝突被視為是對政權存在的威脅。達倫道夫認為，在自由社會中，居服從地位的準集團（團體）可以自由的組織他們來捍衛他們的利益，換句話說，衝突被制度化，使得衝突的暴力性和暴力程度降低很多；但是在極權國家，衝突被壓制，卻使極權國家一直存在嚴重暴力衝突的可能性（Dahrendorf, 1959:314-315）。

衝突是否被承認為合法，並且被制度化，會影響衝突的暴力性和暴力程度的高低。此外，達倫道夫認為，社會的流動性也會影響衝突的強度，在當代後資本主義社會，社會流動率相當高，雖然在階層之間的流動還有許多障礙亟待克服，但是教育制度已經可以作為一種角色定位的機制，「通過教育所形成的流通包括了階級之間的流通」（Dahrendorf, 1959:35），換句話說，可以促成個人的階級定位屬性的改變。而且，世代間的流動也出現角色上下變動的現象，如此一來，階級地位或許對於個人是不可避免的現實，但它對於個人而言不再是一種集體的命運（collective fate），在社會流動性提高的影響下，政治衝突的強度就減低很多（Dahrendorf, 1959:310）。達倫道夫認為，縱觀當代西方社會，在與政治衝突相關問題中，有幾個重點是可以特別抽繹出來強調的，並且可以通過這個歸納，建立一個理想形式的自由社會（Dahrendorf, 1959:317）：

1. 擁有權威並不必然意謂著擁有財富、威望和安全，社會階層的等級大致而言是分立而不具有重疊性的；國家的領導者並不就是工業、軍隊或其他組合的領導者，被權

威系統所拒絕的人並不意謂就是被其他系統所拒絕。

2. 在不同組合的衝突並不具有對應關係，階級衝突與集團間的對立並不具有對應關係。

3. 制度設計、衝突模式、利益組合的多元化讓政治衝突轉化出積極的意涵，提供了讓每一種利益都儘可能表達的機會。

達倫道夫認為，在現實世界中，根本沒有任何一個西方社會可以對應上述理想形式的自由社會的各層面。不過，當代西方自由社會的多元化是建立在對社會衝突的體認和接納的基礎上的。「畢竟，因為在社會中存在著自由是意謂著我們體認到多樣化、分歧和衝突的創造力以及其能夠體現正義公平。」（Dahrendorf, 1959:318）不過，在極權社會中，基本上是認為衝突是可以被消滅的，社會和政治秩序應力求同質和一致性。達倫道夫認為，也可以將其中一些特性抽繹出來特別加以強調，並且據以建構一種理想形式的極權社會作為我們分析的參考架構（Dahrendorf, 1959:316）：

1. 誰擁有權威地位，誰就擁有財富、威望；而任何人被政治權威所排除，就沒有希望擁有很高的社會身分。

2. 具有同質性的精英擁有普遍化的權力，統治著在國家機器、工業、軍隊以及所有其他組合中的具有一致性的服從階級；政治領域、工業領域、區域性、城鄉之間，種族、宗教的衝突會演變成兩大對立敵對陣營的全面對立，這種對立的暴力性和暴力強度是相當高的。

儘管在現實世界中，在以共產國家為主體的社會中，確實

存在著國家機器中的統治者與其他階層的統治者互相對應的情
況，而且統治者擁有普遍化的權力，自成一個像吉拉斯所講的
「新階級」，在這樣的極權社會中，一直潛藏著爆發激烈的暴力
衝突的危機。

第八章

結論：對馬克思社會衝突論的
定位與評價

筆者以馬克思社會衝突理論作爲探討的題目，這個題目基本上當然屬於社會學的範圍，那麼，馬克思主義與社會學的關係如何，就變成是一個值得我們關心的問題。

巴力・斯瑪特（Barry Smart）在《社會學、現象學和馬克思的分析》（*Sociology, Phenomenology & Marxian Analysis*）一書中認爲，馬克思主義與社會學的關係基本上可以從三個立場來理解（Smart, 1976:27-28）：

第一種立場是將馬克思主義與社會學看成是兩個互相對立的思想系統。巴力・斯瑪特指出，在西方社會學界，抱持這種立場的人，基本上都會對馬克思的著作和馬克思主義的出版物大加撻伐，並將其視爲意識型態。尤其是那些受實證主義影響的社會學家，經常都在強調社會研究必須是價值中介和客觀的前提下，批評馬克思的著作缺乏科學的因素。而在另一方面，在馬克思主義脈絡中，則批評西方社會學是資產階級社會學。

第二種立場是認爲，馬克思和馬克思主義對於西方社會學的發展作出了相當有用的貢獻。持這種立場的人基本上認爲有所謂馬克思主義社會學的存在，它是屬於西方社會學的一個次系統，專門處理諸如不平等、工業鬥爭、社會衝突和變遷等問題。持這種立場的人，著重將馬克思的社會學和馬克思的經濟學及哲學分離開來。換句話說，抱持這種立場的人，認爲馬克思社會學已經被整合和同化在整個西方社會學中，不過，這種整合和同化的工作仍然在持續進行中。

第三種立場認爲，馬克思主義和社會學之間是有匯通之處，持這種立場的人大多是東歐的社會學家，而西方社會學家持這種立場的人比較少，其中以高德勒（A. Gouldner）爲代表。他認爲馬克思主義社會學與西方社會學是兩種社會學以及

兩種不同的典範（paradigm），但它們之間有匯通之點，而且兩種都是起源於聖西門（Saint-Simon）（Smart, 1976:36-37）。

事實上，目前只有少數深受實證主義影響的人，還抱持著第一種立場。而採取第二種立場的人相當多，不過，持這種立場者通常都企圖把馬克思的社會學和其哲學、經濟學分離開來，這事實上是值得商榷的，因為在馬克思社會學的論述中，並沒有辦法脫離哲學的色彩和因素。

許多西方的研究者認為，馬克思主義社會學事實上已出現了危機。因為，西方資本主義社會並沒有按照馬克思社會學的預言去發展，當代西方資本主義並沒有形成兩極化的階級結構，而且工人階級也沒有不斷貧困化。而且，國家在當代西方資本主義社會角色不斷提升以及社會主義社會的出現，更使馬克思主義社會學出現危機。因為不管在資本主義或社會主義國家中，國家都能夠積極介入經濟系統的運作，而且主導著整個社會的發展，國家在經濟系統的運作中的角色不斷提升。由於所有權和管理權的分離，已經使當代西方社會成為一個有別於古典資本主義社會的新形式的資本主義社會。這樣一種新形式的資本主義社會對於馬克思主義社會學而言，事實上是相當陌生的領域。「新資本主義社會是一個馬克思分析中相當缺乏的社會；而這也是馬克思主義社會學危機的特徵。」（Smart, 1976:30）此外，社會主義社會的出現，其中的階級結構、不平等以及特權的存在，都對以資本主義社會為分析對象的馬克思主義社會學構成了挑戰。

再者，馬克思主義的社會學家也注意分析已發展和未發展國家的關係，基本上這些社會學家把這種關係看成是剝削的關係，而且通過階級的途徑來解剖這種關係。但事實上，這些國

家間的衝突往往並不是以階級爲單元的衝突，而是以國家爲單位的衝突，而隨著衝突而來所要求的解放，也不是階級的解放，而是國家從另一個國家宰制下的解放。事實上，也有些研究者認爲，馬克思主義社會學是以已發展國家作爲分析對象，其對於未發展國家的分析必然是無能爲力的。

巴特摩爾（Tom Bottomore）在其所編的《馬克思主義思想辭典》（*A Dictionary of Marxism Thought*）認爲，儘管馬克思的社會理論與西方社會學之間一直存在著不同形式不同程度的張力，但是無疑的，馬克思主義對於西方社會學的形構是一種重要的刺激。例如韋伯（Max Weber）有很大部分的著作，都直接涉及馬克思主義的問題，其中尤其是對於國家、階級、身分、勞工運動、社會主義的討論以及對於歷史唯物論的批評等等，都是很明顯的證據。至於涂爾幹（Emile Durkheim）的社會學，也涉及到反省社會主義和歷史唯物論，這都與馬克思主義有關（Bottomore, 1983:450）。

而且，事實上，在19世紀和20世紀交界時，在馬克思主義的發展過程中，也對社會學的發展產生促進作用，其重要者如考茨基（Kautsky）、梅林（Mehring）、索勒（Sorel）、格林伯格（Grünberg）、奧馬學派（Austro-Marxism）等。事實上，通過這些的著作，已經出現了馬克思主義社會學，但這股社會學基本上是在學院外發展的，並且與學院社會學形成張力關係。而這種張力關係隨著俄國共產黨革命、史達林主義的興起以及1940年代以來東歐共黨國家和中共政權的建立，社會學基本上被認爲是資產階級意識型態的一部分，在這些共黨社會的大學和研究機構幾乎都不能研究討論社會學，而只被限定在歷史、唯物論的研究之上。

就由於整個共黨國家政治意識型態環境使然，巴特摩爾認爲，事實上，從1920年代中葉以來，馬克思主義社會學是通過西方馬克思主義者（Western Marxists）和奧馬學派發展的。不過，值得注意的是，一些早期的西方馬克思主義者如柯西（Karl Korsch）、盧卡奇和葛蘭西都會拒絕將馬克思主義視爲社會學：

> 那麼儘管在一邊，奧馬學派在從事他們的社會學研究，而在另一邊柯西、盧卡奇和葛蘭西都曾拒絕過將馬克思主義視爲社會學的觀念，而且把馬克思主義視爲一種歷史哲學。（Bottomore, 1983:451）

法蘭克福學派（Frankfurt School）對於馬克思主義社會學在當代的發展，具有很大的促進作用。當然這個學派在1940年代以降，尤其是在1960年代，其關心的主要課題是著重反對社會學中實證主義傾向的哲學問題以及對西方文化現象和科學技術變成一套意識型態的批判，不過，在哈伯瑪斯（Jürgen Habermas）和歐菲（Offe）的晚近著作中，巴特摩爾認爲，我們可以發現，隨著他們對於高度發達資本主義社會國家大舉介入社會各個次級系統運作的以及整個資本主義危機的分析，社會學尤其是政治社會學得到了很大程度的發展。例如隨著阿圖舍學派——主要包括阿圖舍和波蘭扎斯兩人——的結構主義的發展，馬克思主義社會學得到一種新形式的發展，而經過這一連串的發展，再加上從1950年代中葉以來史達林主義影響力的日漸衰退，馬克思主義社會學成爲當代社會學的主要潮流之一。此外，值得注意的是，蘇聯東歐國家在1953年以及中共在1979年以後，也承認社會學作爲一門學術的科目，不過，這些

國家和地區的社會學著重對特殊領域的社會調查和經驗研究。

　　不可諱言的，馬克思主義已經被承認爲社會學中的典範之一，不過，其內部存在極大的歧異性，巴特摩爾認爲，馬克思主義社會學必須克服許多困難和問題，才能得到進一步發展：

　　　　它的未來發展端賴它如何成功地處理階級結構，以及
　　導致社會變遷的階級和其他社會團體的角色，和國家與社
　　會的關係，以及個人與集體的關係等有關的一連串問題；
　　或總括來講，端賴其能完成「對今日資本主義固有本質的
　　真正分析」（如盧卡奇在1970年所講的；見盧卡奇為梅扎
　　洛斯[Mészáros]1971年著作所寫的序言）和對今日社會主
　　義的分析。（Bottomore, 1983:453）

　　馬克思主義通過奧馬學派和西方馬克思主義作爲中介橋樑，與西方社會學形成緊密的互動和對話，而馬克思主義也受到西方社會學和思潮的衝擊和洗禮，如今我們已經不能將馬克思主義視爲獨立於西方社會學之外的一套理論體系。此外，我們也不能將馬克思主義社會學當成是馬克思思想的簡單延續，而應該把其看成是馬克思主義與西方社會學和思潮辯證互動後的產物。一般將馬克思的社會衝突論視爲社會學，換句話說，一般在討論到馬克思社會學時，通常都是指涉其「衝突理論」，而且，一般都將馬克思的「衝突理論」與從功能主義延伸出來的共識理論（consensus theory）相對立。

　　對馬克思作爲一個社會衝突論者詮譯的最具有代表性的是達倫道夫的著作。就如筆者在前面章節中所論述的，達倫道夫基本上是站在學院社會學中實證主義和經驗主義傳統的傳統上，從觀察20世紀西方工業社會的變遷來重新檢證馬克思的階

表8-1　共識理論與衝突理論的比較

共識理論	衝突理論
1.規範和價值是社會生活的基本元素	利益是社會生活的基本元素
2.社會生活涉及各種約定或承諾	社會生活涉及勸誘和強迫
3.社會必然是凝結在一起的	社會必然是分裂的
4.社會生活依賴團結	社會生活產生對立、排斥和敵對
5.社會生活是建立在互惠和合作之上	社會生活產生結構性衝突
6.社會系統以共識為基礎	社會生活產生局部利益
7.社會承認合法的權威	社會存在牽涉到權力的分化
8.社會系統是整合的	社會系統是無法整合的，而且受到矛盾的衝擊
9.社會系統傾向於持續穩定	社會系統傾向於變遷

引自：Craib, Ian (1984), *Modern Social Theory: From Parsons to Habermas*, Brighton, p.60.

級和階級衝突理論的一些相關的命題。達倫道夫基本上認為，馬克思社會衝突論事實上開闢了一個不同的社會研究途徑，著重對社會結構中強制、衝突和變遷等問題的探討，達倫道夫將此途徑與結構功能主義（structural-functionalism）的途徑對立起來，並且認為後一種途徑是重在解釋社會秩序和社會平衡。柯亨（Percy Cohen）曾對達倫道夫所標舉的衝突理論和由結構功能主義延伸出來的共識理論作過比較，我們可以用**表8-1**來加以表示。

柯亨認為，社會衝突本身也是具有功能意義，「衝突」事實上可以作為解釋社會秩序時的一個變項，達倫道夫將共識模式和衝突模型視為兩個完全分離的模型是錯誤的。「從這個角度看來，秩序和衝突的社會觀只不過是一個銅板的兩面；他們並沒有相互排斥而且也不必要是一致的。」（Burrell & Morgan, 1979:11）而柯舍（L. A. Coser）在說明社會衝突的功能時，更

認為衝突可以作為整合社會的一個機制而存在，不過，有些研究者認為，柯亨的立場，基本上是一直想把社會衝突論併入當代的共識理論或秩序理論中：

事實上他的（按：柯亨）整個分析反映了一個將衝突模型併入當代秩序理論的領域之中。（Burrell & Morgan, 1979:16）

就由於柯亨努力的想把衝突模型納入秩序理論的領域中，確實有可能相對的忽略或淡化兩者之間的不同，因此前者以社會結構的衝突為基礎，而且關涉社會的激烈變遷，這基本上與功能主義的觀點是不一致的。

在另一方面，馬克思思想到底是不是經濟決定論的問題，以及在馬克思的分析中的科學主義和實證主義的問題，都是不少研究者關心的課題。而對馬克思分析中，經濟因素的角色以及決定論問題的討論，頗引起注目的是阿圖舍的看法。就如我們前面所講過的，阿圖舍認為，上層建築具有相對的自主性，以及特殊的效力，不過，經濟生產方式仍具有最終極的決定性作用，亦即，就阿圖舍看來，經濟因素是有重要的影響力的，但是它的影響力會在不同的組織，或通過不同的結構而被調適的。不過，阿圖舍並沒有進一步論述，上層建築到底能具有多大的自主性以及上層建築具有自主性的情況是什麼。此外，阿圖舍也並沒有進一步論述經濟因素受到調適的情況。

迄至目前為止，有不少研究傾向於主張，不要從過於簡單化的經濟決定論去理解包括社會衝突論在內的馬克思思想，「馬克思著作中的基礎與上層建築的關係，不必要被簡單的推論成，經濟因素決定所有其他因素」（Smart, 1976:64）。不過，

與生產、勞動、工業或其他經濟面向有關的因素，也應該被視為分析所有社會互動形式的重要參考憑藉。

從決定論的角度來理解馬克思的著作者，就很容易認為馬克思的分析有實證主義的傾向。有不少研究者認為，馬克思的著作強調人類社會發展的必然性，歷史的鐵則，甚至將社會自然化，因此，馬克思基本上是希望將自己的思想當成是一套「科學」。不過，也有些研究者認為，上述這種看法忽略了馬克思著作中對於意識型態批判的強調（Smart, 1976:64）。馬克思的著作本身也是一套批判理論，這是大多數法蘭克福學派的思想人物的看法。

縱觀馬克思的著作，我們確實可以找到其受孔德實證主義影響的痕跡；但是，當我們再進一步了解馬克思的著作，我們又可以發現，馬克思又相當強調人要作為主動的有意識的主體去介入歷史發展的過程之中，於是，在此就容易出現不少人所認為的困境。由於不少人認為，「事實上，在馬克思的著作中，馬克思對於科學的態度是游移不定、缺乏一致性的，就導致將馬克思主義思想分成早期與晚期、青年與老年，或批判的與科學的馬克思主義這種相當極化的看法」（Smart, 1976:65）。於是有實證主義傾向或受實證主義影響的理論家就認為，按馬克思的理解，資本主義的生產方式完全按照歷史鐵則來運作，而且會面臨不可避免的衰退的命運；而諸如法蘭克福學派的一些批判理論家則認為，馬克思事實上也相當強調人創造歷史的重要性。不過，批判理論家，尤其是哈伯瑪斯雖然企圖在歷史脈絡中凸顯作為歷史主體之人的主體性，但他也認為作為馬克思思想之骨架的歷史唯物論，存在著將具有相對獨立性之「互動」、「溝通」向度化約成「勞動」的傾向：

然而，對「德意志意識型態」（註：引號為筆者所加）第一部分作更嚴格的分析，顯示馬克思並沒有真正地說明互動與勞動的相互關聯性，而反過來，在社會實踐這種不明確的名目下，將其中一個化約成另一個，亦即：將溝通行動化約成工具性行動。（Habermas, 1974:168-169）

　　本來，談人的社會實踐，應涵蓋工具性行動和互動，但哈伯瑪斯認為，馬克思竟然從「生產」的向度，將社會實踐基本上看成是一種工具性行動（instrumental action）：

　　　　所以對馬克思而言，工具性行動，亦即生產性行動可以調節人類與其自然環境之間的物質交換，於是這種行動就變成所有範疇產生的典範；每一件事都可以歸結於生產的自我運動。就因為這樣，馬克思對於生產力和生產關係之間的辯證關係的出色洞見很快地就在一種機械的方式中被誤解了。（Habermas, 1974:169）

　　將人的溝通行動化約成工具性行動，哈伯瑪斯認為，就很容易使有關「人」的學問和自然科學等同起來，掉入實證主義的陷阱之中：

　　　　假如馬克思沒有在社會實踐（praxis）的標籤下拋棄了互動與工作的連結關係，而且假如他反過來能將唯物的綜合觀點與工具性行動和溝通行動連結起來，那麼有關於人的學問的理念就不會因為與自然科學等同起來而顯得曖昧不清。（Habermas, 1971:62）

　　就哈伯瑪斯看來，談階級關係和階級鬥爭必須從溝通互動

的面向來了解，甚至就連「生產關係也是溝通關係」（羅曉南，1989:248），階級鬥爭之所以產生，一方面是統治階級和被統治階級之間溝通的中斷，而另一方面必須在被統治階級中，以及被統治階級與其訴求的對象之間建立溝通網絡：

> 甚至鬥爭，如果從更狹義看是策略性行動，當然都必須與先驅者（avant-garde）以及他們直接訴求的團體之中的討論保持連結關係。（Habermas, 1974:38）

哈伯瑪斯對馬克思歷史唯物論以及其他相關理論的批判重建，其中一個很重要的目標是要凸顯主體意識在歷史發展過程中，相對於客觀結構的能動性，以及上層建築的相對自主性。而有些研究者則認為，馬克思思想基本上已經克服經驗和思辨途徑二元對立的困境，從掌握事物的整體結構以及事物的變遷來了解事物（馬克思、恩格斯，1964:67-68）。事實上，有關馬克思思想到底是一套批判理論或是一套科學，這牽涉到西方有關社會人文科學與自然科學到底在方法論上是否一致的問題：

> 在馬克思著作中的批判主義和科學的問題，在許多層面都可以與環繞著科學在社會學中的地位的爭論相比擬。（馬克思、恩格斯，1964:68）

事實上，就有些社會學家如柯亨和波吉（G. Poggi）而言，他們並不著重爭論馬克思思想到底是一套科學或一套批判理論，他們認為馬克思著作是一種行動理論，甚至連帕森斯（T. Parsons）都曾認為馬克思是行動理論鼻祖之一：

> 從社會學的水平看，馬克思是行動理論象徵性的「鼻

祖」之一。（Parsons, 1961:361; Smart, 1976:68）

基本上，柯亨認爲，馬克思把作爲社會行動者的人看成是在工具理性制約下相當務實的策略家：

> 柯亨認為馬克思將社會行動者視為一種會算計的策略家，可以使用從古典經濟學家的手段——目標的架構延伸出來的相當簡單的工具理性主義的模型。（Smart, 1976:68）

可是柯亨忽略掉人具有反省其行動的能力，換句話說，柯亨忽略人可以通過意識反省其行動。波吉則認爲人可以將自己的行動概念化成自己意識面對的對象，換句話說，人的行動可以成爲自己意識設想的對象。而儘管意識是建立人的自我不可或缺的條件，但基本上意識也是社會的產物，必須通過社會性的語言媒介來加以表達。這就是馬克思在《德意志意識型態》所說的：

> 人也具有「意識」。但是人並非一開始就具有「純粹的」意識。「精神」從一開始就很倒楣，注定要受物質的「糾纏」，物質在這裡表現為震動著的空氣層、聲音，簡言之，即語言。語言和意識具有同樣長久的歷史；語言是一種實踐的，既為別人存在並僅僅因此也為我自己存在的、現實的意識。語言也和意識一樣，只是由於需要，由於和他人交往的迫切需要才產生的。……。因而，意識一開始就是社會的產物，而且只要人們還存在著，它就自然是這種產物。（馬克思、恩格斯，1956:34）

波吉基本上也認為，個人的意識是社會發展的產物，個別性只有作為主體的人參與別人的互動關係才能顯現出來，亦即人只有通過他與別人的關係才能與自己發生關係。

　　就馬克思看來，人只有在不斷勞動實踐中，才能不斷生產產品，生產別人和自己的存在以及相互的關係，亦即生產人本身和社會，每個人都生產著別人，生產著社會，而社會也生產著人。從另一個角度看，人唯有在不斷的勞動實踐中，才能不斷意識到自己的存在，使自己不斷成為人，產生人的意識。馬克思認為，人唯有在勞動實踐過程中，人才能自己同大自然以及外在世界區別開來，人才成為主體，而人與大自然以及外在世界之間也才能表現主客體關係。人可以以自己的勞動實踐作為中介促成作為主體的人與作為客體的大自然或外在世界之間的相互滲透的辯證統合關係。而且，馬克思認為，任何一代的人，都是在以前人的世世代代活動結果的基礎上進行新創造新活動，亦即人會受前一代活動所創造的結果和客觀條件的制約，但人們也可以改造這些結果和客觀條件，改造自己；每一代人是通過自己的新創造和新活動加入到大自然和歷史的發展過程之中。而按照波吉的了解，「對馬克思而言，現實並沒有決定行動，然而行動還是會受到先前存在的現實的制約」（Smart, 1976:71）。我們如果光是強調行動在馬克思著作中的意涵，就有可能忽略馬克思事實上也認為，人並不是他們自己行動的完全自由的仲裁者。因此，在將馬克思視為行動理論家時，千萬不要陷入主觀主義的陷阱之中。

　　吉布遜‧布勒（Gibson Burrell）和葛利斯‧摩根（Gareth Morgan）認為，基本上，馬克思主義的研究者對馬克思主義的解釋分成客觀主義（objectivism）和主觀主義（subjectivism）

兩大陣營。後者一般以盧卡奇和法蘭克福學派為代表，前者則與阿圖舍的結構主義連結在一起。主觀主義和客觀主義的爭論，也是有關社會學研究途徑的主要爭論，而隨著這種爭論而來的，事實上可以讓我們了解到，社會學領域中存在著四種典範：功能主義典範（functionalist paradigm）、解釋性典範（interpretive paradigm）、激進的人道主義典範（radical humanist paradigm）、激進的結構主義典範（radical structuralist paradigm），這四種典範可以為我們對於社會現象的分析很基本的界定四種不同的角度和觀點（Burrell & Morgan, 1979:21-23）。換句話說，不同的典範就會從不同的方式去看待社會世界，因為這些典範背後都有關於科學和社會本質的不同的後設性的理論假設：

> 那麼這四種典範會以和社會與科學本質有關的不同的後設性的理論假設，界定四種社會世界觀。（Burrell & Morgan, 1979:24）

在這四種典範中，與馬克思社會學最有關的是激進的人道主義典範與激進的結構主義典範兩種。而基本上這兩種典範之間就牽涉到主觀主義與客觀主義的爭論。前者是從主觀主義的立場，而後者則是從客觀主義的立場各自去發展一套有關激烈變遷的社會學。

前種典範基本的命題，是認為人的意識會因為受到人與其進行互動的意識型態上層建築的宰制，而使人形成錯誤意識，無法體現自己的生命、發展自己的生命，亦即這個典範將社會看成是反人道的，人必須超越社會所加諸於人的精神枷鎖，才能使自己的生命潛力獲得釋放。因此，這個典範強調社會的激

烈變遷、社會宰制的方式、人的解放、剝削與潛力等概念。這個典範基本上不重視結構衝突與矛盾這些概念（Burrell & Morgan, 1979:32）。吉布遜·布勒和葛利斯·摩根認為，在馬克思主義發展過程中，除了早期馬克思思想外，盧卡奇和葛蘭西首先在1920年代恢復了從主觀主義去詮釋馬克思主義理論的傳統，而法蘭克福學派的一些成員，以及存在主義哲學家沙特（Sartre）等都可以被認為屬於這個傳統：

> 這個興趣（按：指從主觀主義去詮釋馬克思主義理論）被所謂的法蘭克福學派的成員所接受，而且產生許多爭論，特別是由於哈伯瑪斯和馬庫色的著作。沙特的存在主義哲學也屬於這個典範。（Burrell & Morgan, 1979:33）

吉布遜·布勒和葛利斯·摩根認為，這樣一個馬克思主義的發展傳統，雖然對於馬克思思想的詮釋有所差異，但其基本上都關心人的意識和經驗如何從社會上層建築的意識型態的宰制中解放出來。因此，「他們都企求通過認知和意識方式的改變去改變社會世界」（Burrell & Morgan, 1979:33）。

與激進人道主義典範相對應的激進結構主義典範，基本上相當重視結構性衝突和矛盾，但是，這個典範事實上也注意社會激烈變遷、解放、潛力以及宰制方式這些概念。而吉布遜·布勒和葛利斯·摩根認為，這兩種典範最大的差異在於前者著重人的意識的解放，而後者則著重通過結構性的衝突和變遷，使人從社會結構中解放出來：

> 激進人道主義通過把焦點集中在「意識」之上，以作為對社會激烈批判的基礎，來設計他們的角度，而激進的

結構主義則集中在一個現實的社會世界中的結構性關係之
上。……。所有這些理論家（按：指激進結構主義）共同
認為，當代社會的特性是藉著某些基本衝突刻劃出來的，
這些基本衝突會通過政治和經濟的危機產生激烈的變遷。
就是通過這樣的衝突和變遷，人從他們所生活的社會結構
中獲得解放才有可能產生。（Burrell & Morgan, 1979:34）

　　吉布遜・布勒和葛利斯・摩根認為，在整個馬克思主義發
展過程中，成熟時期的馬克思著作頗符合這個典範，而恩格
斯、普列哈諾夫（Plekhanov）、列寧、布哈林（Bukharin）、阿
圖舍、波蘭扎斯、柯列蒂（Colletti）以及新左派（New Left）
一些馬克思主義社會學家都屬於這個典範。此外，達倫道夫、
米立班和雷克斯（J. Rex）等都算屬於這個典範。而這個典範
的發展除了受馬克思的影響外，也受到韋伯的影響（Burrell &
Morgan, 1979:34-35）。吉布遜・布勒和葛利斯・摩根明顯的是
按照阿圖舍所認為的馬克思思想存在著早期和成熟期之間「知
識論斷裂」（epistemological break）的觀點，來說明激進人道
主義典範和激進結構主義典範的發展演變。儘管研究者可以對
他們的阿圖舍觀點進行批評，但他們這種說明方式畢竟提供我
們一個相當具有啟發性的參考架構。而我們從他們兩人的解釋
中，我們就可以很具體的知道，在對於馬克思思想的詮釋中，
存在著主觀主義和客觀主義的爭論，而這樣的爭論事實上也就
是社會學中研究典範分殊過程中所直接牽涉到的爭論，有了這
樣的了解，我們可以將對於馬克思思想的研究批評放入整個社
會典範分殊的結構中以及研究途徑的爭論脈絡之中來加以理
解。

參考書目

1.馬克思、恩格斯（1956），《馬克思恩格斯全集》第3卷，北京：人民出版社。

2.馬克思、恩格斯（1958），《馬克思恩格斯全集》第4卷，北京：人民出版社。

3.馬克思、恩格斯（1961），《馬克思恩格斯全集》第8卷，北京：人民出版社。

4.馬克思、恩格斯（1964），《馬克思恩格斯全集》第16卷，北京：人民出版社。

5.馬克思、恩格斯（1963），《馬克思恩格斯全集》第17卷，北京：人民出版社。

6.馬克思、恩格斯（1974），《馬克思恩格斯全集》第25卷，北京：人民出版社。

7.馬克思、恩格斯（1979），《馬克思恩格斯全集》第42卷，北京：人民出版社。

8.中華民國國際關係研究所、政大東亞研究所輯（1969a），《共產黨原始資料選集》第1集，台北：國關研究所。

9.中華民國國際關係研究所、政大東亞研究所輯（1969b），《共產黨原始資料選集》第2集，台北：國關研究所。

10.中國大百科全書編輯部（1987），《中國大百科全書哲學

卷》，北京・上海：中國大百科全書出版社。

11.林賢治（1988），〈葛蘭西政治思想之研究：革命、政黨與主導權理論〉，台北：政大東亞所博士論文。

12.佩里・安德森（1989），高銛、文貫中、魏章玲譯，《西方馬克思主義探討》，台北：久大／桂冠。

13.陳介玄、翟本瑞、張維安（1989），《韋伯論西方社會的合理化》，台北：巨流。

14.孫善豪（1989），〈「民間社會」與「文明社會」：民間社會理論對葛蘭西的誤解〉，《中國論壇》，第28卷12期，頁30-33。

15.雷蒙・阿隆（1987），葛智強、胡秉誠、王瀘寧譯，《社會學主要思潮》，上海譯文出版社。

16.鄭學稼（1976），《列寧主義國家論之批判》，國際共黨問題研究社。

17.羅曉南（1989），〈哈伯瑪斯歷史唯物論重建之研究〉，台北：政大東亞所博士論文。

18.Althusser, Louis (1971) trans. by Brewster, Ben, *Lenin and Philosophy and Other Essays,* London.

19.Anderson, Perry(1976), *Considerations on Western Marxism,* London.

20.Anderson, Perry (1977),"The Antinomies of Antonio Gramsci", *New Left Review,* No. 100:5-78.

21.Bendix, Reinbard (1977), *Max Weber: An Intellectual Portrait,* California.

22.Bendix & Lipset (1966), Seymour Martin eds, *Class, Status, and Power: Social Stratification in Comparative Perspecitve,* New

York.

23.Bottomore, Tom (1984), *Sociology and Socialism*, Brighton.

24.Bottomore, Tom (1983), *A Dictionary of Marxist Thought*, Cambridge Mass.

25.Burrell, Gibson & Morgan, Gareth (1979), *Sociological Paradigms and Organisational Analysis: Elements of the Sociology of Corporate Life*, London.

26.Calhoun, Craig (1982), *The Question of Class Struggle: Social Foundations of Popular-radicalism during the Industrial Revolution*, Oxford.

27.Carnoy, Martin (1984), *The State and Political Theory*, Princeton.

28.Centers, Richard (1949), *The Psychology of Social Classes: A Study of Class Consciousness*, Princeton.

29.Connell, R. W. (1982), "A Critique of the Althusserian Approach to Class" in Antony Giddens & David Held eds., *Classes, Power, and Conflict: Classical and Contemporary Debates*, London.

30.Craib, Ian (1984), *Modern Social Theory: From Parsons to Habermas*, Brighton.

31.Dahrendorf, Ralf (1959), *Class and Class Conflict in Industrial Society*, Stanford.

32.Djilas, Milovan (1963), *The New Class: An Analysis of the Communist System*, New York.

33.Giddens, Anthony (1982), "Class Structuration & Class Consciousness", in Antony Giddens & David Held eds.,

Classes, Power, and Conflict: Classical and Contemporary Debates, London.

34.Gramsci, Antonio (1971), *Selections from Prison Notebooks*, New York.

35.Habermas, Jürgen (1974), trans. by John Viertel, *Theory and Practice*, Boston.

36.Habermas (1971), trans. by Jeremy Shapiro, *Knowledge and Human Interests*, Boston.

37.Lefebvre, Henri (1982), trans. by Norbert Guterman, *The Sociology of Marx*, New York.

38.Lukács, Georg (1971), trans. by Rodney Livingstone, *History and Class Consciousness: Studies in Marxist Dialectics*, Cambridge / Mass.

39.Merquior, J. G. (1986), *Western Marxism*, London.

40.Miliband, Ralph (1977), *Marxism and Politics*, Oxford.

41.Neale, R. S. (ed.) (1983), *History and Class: Essential Readings in Theory and Interpretation*, New York.

42.Neale, R. S. (ed.) (1981), *Class in English History 1680-1850*, Oxford.

43.Parkin, Frank (1979), *Marxism and Class Theory: A Bourgeois Critique*, London.

44.Parkin, Frank (1982), "Social Closure & Class Formation", in Antony Giddens & David Held eds., *Classes, Power, and Conflict: Classical and Contemporary Debates*, London.

45.Parsons, T. (1961), "The Point of View of the Author", in M. Black M. ed., *The Social Theories of Talcott Parsons*,

Englewood Cliffs.

46.Poulantzas, Nicos (1982), "On Social Classes", in Antony Giddens & David Held eds., *Classes, Power, and Conflict: Classical and Contemporary Debates,* London.

47.Smart, Barry (1976), *Sociology, Phenomenology and Marxian Analysis: A Critical Discussion of the Theory and Practice of a Science of Society,* London.

48.Weber, Max (1982), "Selections from Economy and Society, Vols.1 and 2, and General Economic History", in Antony Giddens & David Held eds., *Classes, Power, and Conflict: Classical and Contemporary Debates,* London.

49.Wenger, Morton G. (1987), "Class Closure & the Historical Structural Limits of the Max-Weber Convergence" in Norbert Wiley ed., *The Max-Weber Debate,* California.

50.Wright, Erik Olin (1982), "Class Bonderies & Contradictory Class Locations" in Antony Giddens & David Held eds., *Classes, Power, and Conflict: Classical and Contemporary Debates,* London.

社會衝突論

社會叢書24

著　　　者／李英明

出 版 者／揚智文化事業股份有限公司

發 行 人／葉忠賢

執行編輯／晏華璞

美術編輯／周淑惠

登 記 證／局版北市業字第1117號

地　　　址／台北市新生南路三段88號5樓之6

電　　　話／(02)2366-0309　2366-0313

傳　　　眞／(02)2366-0310

E - m a i l／book3@ycrc.com.tw

網　　　址／http://www.ycrc.com.tw

郵撥帳號／14534976

戶　　　名／揚智文化事業股份有限公司

印　　　刷／偉勵彩色印刷股份有限公司

法律顧問／北辰著作權事務所　蕭雄淋律師

初版一刷／2002年8月

定　　　價／新台幣280元

I S B N／957-818-403-4

國家圖書館出版品預行編目資料

社會衝突論 / 李英明著. -- 初版. -- 台北市：揚智文
化, 2002[民91]
　　面；　公分. --（社會叢書；24）
參考書目：面
ISBN 957-818-403-4（平裝）

1. 社會階級 2. 馬克斯主義

549.332　　　　　　　　　　　　　91007990